Adolf Erman

Bruchstücke koptischer Volksliteratur

Adolf Erman

Bruchstücke koptischer Volksliteratur

ISBN/EAN: 9783743366466

Hergestellt in Europa, USA, Kanada, Australien, Japan

Cover: Foto ©Thomas Meinert / pixelio.de

Manufactured and distributed by brebook publishing software
(www.brebook.com)

Adolf Erman

Bruchstücke koptischer Volksliteratur

BRUCHSTÜCKE

KOPTISCHER VOLKSLITTERATUR.

VON

ADOLF ERMAN.

AUS DEN ABHANDLUNGEN DER KÖNIGL. PREUSS. AKADEMIE DER WISSENSCHAFTEN
ZU BERLIN VOM JAHRE 1897.

BERLIN 1897.

VERLAG DER KÖNIGL. AKADEMIE DER WISSENSCHAFTEN.

IN COMMISSION BEI GEORG REIMER.

Was ich hier veröffentliche, steht auf losen Blättern gewöhnlichen Papiers, wie sie in dem Schutte der mittelalterlichen Städte Aegyptens gefunden werden, und ebenso unscheinbar wie dieses Äußere und wie diese Herkunft ist auch der Inhalt dieser Texte. Aber sie haben uns zweierlei zu bieten, was man in der officiellen Litteratur der Kopten vergeblich sucht: eine natürliche Sprache, die nicht vom Griechischen beeinflußt ist, und, was noch wichtiger ist, unzweifelhafte Beispiele koptischer Metrik. Und diese Metrik scheint, soweit ich sehen kann, nichts mit der griechischen zu thun zu haben, die sich ja auch nur sehr gewaltsam auf die koptische Sprache übertragen ließe; ist sie aber einheimischen Ursprungs, so gewinnen wir damit die Hoffnung, daß sie uns einmal auch die alten aegyptischen Verse lesen lehrt, die in ihrer vokallosen Schrift bisher jeder Bemühung gespottet haben.

Über das Alter dieser Bruchstücke kann man eigentlich nur sagen, daß das, was sich von derartigen koptischen und arabischen Papierblättern in den Sammlungen datiren läßt, meist in das zehnte und elfte Jahrhundert gehört. Auch der sprachliche Charakter unserer Texte stimmt gut zu den von Krall (Corpus Papyrorum Raineri Nr. I und II) veröffentlichten Notizen aus dem Jahre 1019 n. Chr.

Beim Abdruck der Texte habe ich unsichere Buchstaben durch untergesetzte Punkte, fehlende durch Sternchen bezeichnet. Diese letztere Angabe aber bitte ich mit Vorsicht zu benutzen, denn die ungeschulte Schrift dieser Blätter erlaubt keine genaue Abschätzung. Auf dem gleichen Raume stehen je nachdem 4, 5, 6 oder 7 Buchstaben, und es kommt dem Schreiber auch nicht darauf an, mitten drin ohne Grund einen leeren Fleck zu lassen

1*

oder eine Zeile nicht bis zum Ende voll zu schreiben. Meine Angaben
der Lücken werden in der Regel ihre Maximalgröße angeben. Den sprach-
lichen Charakter dieser Texte sowie den Bau ihrer Verse behandeln besondere
Exkurse.

I. Archellites und seine Mutter. (Ein Gedicht.)

Zwei Blätter im Format 14 cm Höhe × 13 cm Breite, die im Jahre 1887
in die Königlichen Museen zusammen mit dem von Steindorff, ÄZ. 1892,
57 veröffentlichten Bannbrief eines Bischofs von Schmun gelangten; heute
P 3213. Es sind ein äußeres Blatt einer Lage und ein inneres einer anderen,
ich scheide sie als A und B. Sie sind so schlecht erhalten, daß die Schrift
auf den unteren Enden der Seiten vielfach auch bei scharfer Beleuchtung
kaum noch sichtbar ist; sie dürften leider bald ganz unlesbar werden. Die
Verse werden durch Punkte, die Halbstrophen und Strophen durch besondere
Interpunktionszeichen geschlossen. Auf den Rändern und zwischen den
Strophen stehen einzelne nicht zum Text gehörige Worte, die ich unten
(S. 43) besprochen habe.

A. 1.   ϯⲛⲁϩⲓⲥⲉ ⲁⲩ
1.   ⲁⲅⲟⲩ ⲛⲁϥ ⲛⲧⲉⲧⲛⲧϥ ⲉϩⲟⲩⲛ.
     ⲧⲁϩⲟϥ ⲉⲣⲁⲧϥ ⲙⲡⲁⲙⲧⲟ ⲉⲃⲟⲗ.
     ⲧⲁⲛⲁⲩ ⲉⲩⲉⲩϩⲟ ⲍⲉ-ⲟⲩⲉⲃⲟⲗ ⲧⲱⲛ ⲛⲉ.
     ⲛⲉⲝⲁϥ ⲉϭⲓ-ⲛⲉⲛⲣⲟⲉⲥⲧⲟⲥ.
     ⲧⲁⲧϥⲍⲱⲉϥ ⲙⲛⲉⲥⲭⲙⲙⲁ ⲛⲛⲁⲩⲩⲉⲗⲟⲥ.
     ⲧⲁⲕⲱ ⲙⲙⲟϥ ϩⲛ-ⲛⲙⲟⲛⲁⲥⲧⲏⲣⲓⲟⲛ.
     ⲟⲩⲛ-ϩⲓⲧⲁⲗⲥⲟ ⲛⲁϣⲱⲡⲉ ⲉⲃⲟⲗ ϩⲓⲧⲟⲟⲧϥ.
     ⲛⲧⲉ-ⲣⲱⲙⲉ ⲛⲓⲙ ⲍⲱ ⲙⲛⲉϥⲧⲁⲓ[ⲟ:]

2.   ϯⲛⲁⲣⲁⲕⲁⲗⲓ ⲙⲙⲟⲛ ⲛⲁⲛⲟⲧ.
     ⲛⲉⲛⲣⲟⲥ|ⲉ|ⲧⲟⲥ ⲉⲛⲙⲟⲛⲁⲥⲧⲏⲣⲓⲟⲛ.
     ⲉⲛⲉⲁⲁⲧ ⲉⲁ|ⲟ|ⲏ|ⲁ|ⲭⲟⲥ ϩⲁϩⲧⲏⲕ.
     ⲧⲁϭⲱ ϩⲁⲧⲟⲁⲓⲃⲉ ⲉⲛⲉ..ⲙⲏ.
     ⲙⲛⲉⲣⲛⲟⲍⲧ ⲉⲃⲟⲗ ⲛⲁⲍⲟⲉⲓⲉ ⲉⲓⲱⲧ.
     ⲍⲉⲛⲧⲟⲛ ⲛⲛⲁⲧϩⲗⲟⲩⲟⲥ ϩⲁⲛⲁⲥⲛⲟϥ.

1. ⲛⲁϥ ist sicher.

ⲛⲓⲟⲩⲧⲉ ⲱⲧⲛⲉ ⲛⲉ ⲛⲁϭⲟⲛⲟⲟⲥ.
ⲉⲣⲉ-ⲛⲁⲣⲟⲟⲩⲯ ⲛⲱⲝ ⲉⲃⲣⲟϥⲧ:

ⲁⲛⲣⲛ

3. ⲟ ϩⲓ ⲁⲛⲟⲕ o o o ⲟⲟⲩ ⲉⲉϩⲁⲓ.
ⲉⲓⲉ ⲟⲩ ⲛⲉ ⲛ o o o o ⲉ ⲟ ⲱ.
ⲁⲣⲭⲉⲗⲗⲓⲧⲛⲉ ⲛⲁⲩⲱⲣⲉ ⲙⲙⲉⲣⲓⲧ.
ⲛⲁⲛⲣⲁⲛ ⲉⲓϧⲟⲗⲅ ϧⲓⲧⲁ ⲓ ⲧ ⲁⲛⲣⲟ
o o o o o ⲁⲕⲉ ⲟ ⲛϧⲟⲩⲛ ⲉ - - - -

A. 2. ⲱⲁⲓⲱⲟⲗⲉⲗ ⲉⲙⲛⲛⲉ ⲉⲙⲁⲩ ⲉⲛⲉⲃϧⲟ.
ⲛⲉⲛⲛⲁ ⲙⲛⲉⲕⲱⲧ ⲣⲱⲱⲉⲣⲟⲓ ⲛⲉⲙⲁⲕ.
ⲟⲩⲛⲟϭ ⲛⲉ ⲛⲁⲉⲙⲕⲁϧ ⲉϧⲛⲧ: ⲁⲗⲗⲟⲉ.

4. ⲉⲣⲱⲁⲛⲟⲩⲣⲱⲙⲉ ⲃⲱⲕ ⲉⲛⲱⲉⲙⲟ.
ⲧⲉϥⲉⲣⲟⲩⲣⲱⲙⲛⲉ ⲱⲁⲉⲱⲓⲧⲟϥ ⲉⲛⲉⲩⲛ.
ⲁⲁⲣⲭⲉⲗⲗⲓⲧⲛⲉ ⲃⲱⲕ ⲉⲧⲁⲛⲉⲛϥ.
ⲉⲓⲉ ⲟⲩⲙⲛⲱⲉ ⲛϧⲟⲟⲩ ⲉⲛⲙⲁⲩ ⲉⲛⲉϥϧⲟ.
ⲉⲱⲱⲛⲉ ⲧⲉⲕⲟⲛⲁϧ ⲛⲁⲱⲱⲣⲉ ⲙⲙⲉⲣⲓⲧ.
ⲉⲣⲉ ⲛⲟϭ ⲛⲁⲥⲧⲟⲕ ⲉ ⲝⲱⲛ.
ⲉⲱⲱⲛⲉ ⲟⲛ ⲁⲛⲃⲁ-ⲉⲱⲙⲁ ⲉϧⲣⲁⲓ.
o o ⲣⲉ-ⲛⲟϭ ⲉⲣⲟⲩⲛⲁ ⲛⲉⲙⲁⲕ: ⲛⲁⲛⲟ o o

ⲛⲁⲓⲁⲕ

5. ⲧⲉⲣⲟⲛⲃⲉ ⲛⲁⲕ ⲛⲁⲱⲱⲣⲉ ⲙⲙⲉⲣ ⲓⲧ.
ⲁⲣ ⲭⲉⲗⲗⲓⲧⲛⲉ ⲛⲉⲧⲓⲙⲉ ⲙⲙⲟϥ.
ⲛⲁⲛⲣⲁⲛ ⲉ ϥ ϧⲟⲗⲅ ϧⲓⲧⲁⲧⲁⲛⲣⲟ.
ⲉⲙⲛⲛⲧⲁⲓ ⲉⲙⲁⲩ o ⲉⲁⲃⲗⲗⲁϥ.
ⲛⲁⲉⲛⲛⲩ ⲙⲉⲛ ⲛⲉⲧⲉⲟ ⲟⲩ ⲉⲙⲟⲓ.
ⲙⲁⲣⲟⲩⲉⲣⲟⲩⲃⲉ ⲛⲉⲉⲗⲩⲛ ⲛ o o o
ⲉ ⲝ ⲛ-ⲛ ⲱⲟ ⲩ ⲙⲛⲁⲱⲱⲣⲉ ⲙⲙⲉⲣⲓ ⲧ.
o o o ⲙⲉ ⲉⲛⲉⲛⲧⲁⲱⲱⲛⲉ ⲙⲙⲟ ϥ:

(Hier fehlen vermuthlich 4 Seiten).

---

1. Die Ergänzung, zu der der Raum wohl genügt, nach Vers 21.   2. So, über der Zeile.   3. Sic.   4. Korrigirt aus ⲁⲣⲕⲁ-.   5. Das ⲙ in ⲙⲁⲣⲟⲩ korrigirt aus ⲉⲓ. 6. Gewiß ⲛⲉⲙⲁⲓ, doch ist der Raum etwas knapp dafür.

A. 3. Letztes Wort einer verlorenen Strophe: ⲥⲟϭⲧ:

6. ⲃⲁⲙⲟⲓ ⲉⲛⲉ-ⲛⲁⲛⲁⲓ ⲉⲩⲃⲱⲕ ⲉⲛⲙⲟⲛⲁⲥⲧⲏⲣⲓⲟⲛ.[1]
ⲉⲁⲓⲁ ⲟⲣⲱⲙⲁⲛⲟⲥ.
ϣⲁⲛⲛⲉⲧⲟⲩⲁⲁⲃ ϫⲉ-ⲁⲣⲭⲉⲗⲗⲓⲧⲏⲥ.
ⲧⲉⲡⲁⲣⲁⲕⲁⲗⲓ ⲙⲙⲟϥ.
ⲧⲉⲙϣⲗⲏⲗ ⲉⲛⲛⲟⲩⲧⲉ ⲉϩⲣⲁⲓ ⲉϫⲱϥ.
ϣⲁⲣⲉ-ⲛⲟⲩϫⲁⲓ ⲧⲁϩⲟϥ
ϫⲉ-ⲉⲣⲉⲛⲛⲟⲩⲧⲉ ⲛⲧⲛⲉ.
ϣⲟⲟⲛ ⲛⲉⲙⲁϥ:

7. ₉ⲩ ⲡⲉⲟⲛⲉ ⲉⲙⲟⲧⲛ ⲛⲁⲓⲟⲧⲉ ⲉⲧⲟⲩⲁⲁⲃ.
   ⁺ⁿᵃ ⲧⲁⲙⲟⲓ ⲉⲛⲙⲁ ⲉⲣⲉ-ⲛⲡⲣⲱⲙⲉ ⲉⲛϣⲓⲧⲉϥ.
   ⲧⲁⲃⲱⲕ ⲧⲁⲛⲁⲣⲁⲕⲁⲗⲓ ⲙⲙⲟϥ.
   ⲁⲣⲓⲧⲩ ϣⲁⲣⲉ-ⲛⲉϫⲛⲁ ⲧⲁϩⲟⲓ, *
   ⲙⲟⲛ ⲉⲣⲉ-ⲟⲩϣϣⲟⲛⲉ ϣⲛⲁⲥⲁ ⲛϩⲟⲩⲛ.
   ⲉⲓⲉ ⲟⲩⲙⲛⲧϣⲉ ⲛϩⲟⲟⲩ ⲙⲛⲉⲥⲙⲉ ⲉⲛⲉϥⲧⲱⲟϣ.
   ⲧⲁⲃⲱⲕ ⲧⲁⲛⲁⲣⲁⲕⲁⲗⲓ ⲙⲙⲟϥ.
   ⲁⲣⲓⲧⲩ ϣⲁⲣⲉ-ⲛⲟⲩϫⲁⲓ ⲧⲁϩⲟⲓ

8. ⲕⲁⲧⲓ ⲡⲉⲉϩⲙⲉ ⲉⲛⲧ ⲟ ⲟⲩⲉⲛⲉⲟⲥ ⲉϫⲟϥ.
   ⲉⲥⲁⲛ ⲙⲉⲣⲉⲛϣⲃⲟⲕ ⲉⲛⲙⲁ ⲉⲧⲙⲙⲁⲩ.
   ⲣⲁϩ ⲉⲗⲛⲣⲓⲟⲛ ϩⲣⲧⲉⲣⲛ.
   ⲁⲩⲱ ⲟⲛ ⲍ . . . ϣⲧ.
   ⲁⲩ ϩⲧ ⲛⲉⲧⲟⲩⲁⲁ|ⲃ|--   **A. 4.**   ϫⲉ-ⲁⲣⲭⲉⲗⲗⲓⲧⲏⲥ.
   ⲙⲉϫⲛⲁⲩ ⲉⲛϩⲟ ⲛⲉϩⲙⲉ ϣⲁⲉⲛⲉϩ: ⲁⲗⲗⲟⲥ

9. ϣⲗⲏⲗ ⲉϫⲱⲓ ⲛⲁⲣⲭⲏⲉⲛⲓⲥⲕⲟⲛⲟⲥ.
   ⲧⲁⲃⲱⲕ ϣⲁⲧⲉⲣⲣⲱⲙⲁⲛⲁ.
   ⲙⲟⲛ ⲁⲓⲥⲱⲧⲙ ⲉⲧⲃⲉ-ⲁⲣⲭⲉⲗⲗⲓⲧⲏⲥ.
   ϫⲁⲉⲣⲟⲩⲛⲟⲥ ⲉⲧⲉⲗⲓⲟⲥ.

---

1. Der Vers ist wohl unrichtig getheilt, der Punkt sollte vielleicht hinter ⲃⲱⲕ stehen.
2. So, wohl ohne Punkt; ob er irrig hinter ⲁⲛⲉ gesetzt ist? — 3. Die letzten Worte in
Ligaturen, da der Raum am Zeilenende knapp war. Aus diesem Grunde fehlt auch das
Zeichen des Versschlusses. — 4. Oder ⲁ statt ⲁ? Auch ⲛ ist fraglich. — 5. ⲉϫⲱϥ
kann man kaum lesen, doch ist das ϫ wohl nur ein mißgestaltetes ϫ. — 6. Reste, die
vielleicht ⲱ gewesen sind; es geht aber nicht an, davor noch ein ⲱ zu ergänzen.
7. Es fehlt wohl nichts, er wird das Zeilenende nicht ganz beschrieben haben.

ⲧⲁⲃⲱⲕ ⲧⲁⲉⲣⲙⲟⲛⲁⲭⲏ ϩⲁⲣⲟⲧⲥϥ·
ⲧⲉⲛⲁⲣⲁϣⲉ ⲍⲱⲕ ⲉⲃⲟⲗ·

10. ⲛⲁⲓ· ⲛⲁⲓⲱⲧ ⲛⲁⲣⲭⲏⲉⲡⲓⲥⲕⲟⲡⲟⲥ.
ⲙⲟ ⲛⲁⲭⲣⲓⲙⲁ ⲧⲉⲛⲃⲁⲗⲩ ϩⲁⲣⲟⲧⲛ.
ⲙⲟⲛ ⲁⲣⲉⲛⲣⲱⲙⲉ ⲉⲣ̅ⲙⲓⲧⲣⲉ ⲛⲁⲓ.
ⲍⲉ-ⲁⲣⲭ|ⲉⲡⲗⲗⲏⲧⲏⲉ ⲛⲁϣⲉⲣⲉ ⲟⲛⲁϩ.
ⲉⲩϣⲁⲛⲃⲱⲕ ⲧⲁⲩⲧⲟⲓ ⲧⲁⲉⲓ.
ϣⲁⲓⲧⲓ ⲛⲟⲩⲙⲉⲣⲟⲥ ⲉⲧⲉⲛⲕⲗⲏⲥⲓⲁ.
ⲉⲩϣⲁⲛⲃⲱⲕ ⲟⲛ̅ ⲛⲧⲁⲥⲱ ϩⲁⲣⲟⲧⲥϥ.
ⲧⲁⲗⲩ ⲉⲛϩⲟⲩⲛ ⲙⲉⲛⲟⲣⲫⲁⲛⲟⲥ:

B. 1. ϣⲟⲙⲧ ⲉϩⲟⲉϥ [3]
11. ⲧⲕⲁⲗⲟⲛ ⲛⲧⲁⲉⲃⲓ ϩⲁⲣⲟⲕ.
ⲁⲩⲱ ⲛⲉⲕⲓⲃⲉ ⲛⲁⲓ ⲉⲧⲁⲕⲍⲓ ⲙⲙⲟⲟⲩ.
ⲉⲧⲟⲟⲩ ⲡⲉ ⲛⲁⲓ ⲉⲩϣⲓⲛⲉ ⲛⲥⲱⲕ.
ⲁⲣⲭⲉⲡⲗⲗⲏⲧⲏⲉ ⲛⲁⲙⲉⲣⲓⲧ.
ⲧⲓⲧⲁⲣⲕⲟ ⲙⲙⲟⲛ ⲉⲛⲉϩⲓⲉ.
ⲉⲧⲁⲛⲉⲭ̅ⲉ ϣⲟⲛⲟⲩ ϩⲁⲣⲟⲛ.
ⲉⲩϣⲟⲛ [4] ⲙⲉⲛⲉⲓ ⲉⲃⲟⲗ ⲧⲁⲛⲁⲩ ⲉⲛⲉⲕϩⲟ
ⲧⲉⲛⲁⲣⲁϣⲉ ⲍⲱⲕ ⲉ|ⲃⲟⲗ| [6]

12. ⲁⲗⲗ Ⲃⲟⲛ ⲁⲍⲓⲉ ⲉⲁⲣⲭⲅⲗⲗⲓⲧⲏⲉ.
ⲍⲉ ⲧⲉⲛⲙⲁⲗⲩ ⲧⲉⲥⲁϩⲉⲣⲁⲧⲉ [7] ⲉⲣⲟⲛ.
ⲛⲧⲁⲓⲉ [5] ϣⲁⲣⲟⲛ ⲧⲁⲛⲁⲩ ⲉⲛⲉⲕϩⲟ.
ⲉⲩϣⲁⲛⲛⲁⲩ ⲉⲣⲟⲛ ⲙⲁⲣⲙⲟⲩ.
ⲁⲙⲟⲩ ⲉⲃⲟⲗ ⲛⲁⲙⲉⲣⲓⲧ.
ⲧⲉⲛⲧⲓ ⲛⲟⲩⲉⲟⲗⲉⲛⲗ ⲉⲧⲁⲩϥⲅⲭⲓⲛ.
ⲧⲁⲛⲁⲩ|ⲉⲛ|ⲉⲕϩⲟ.

---

1. Das letzte Wort in Ligatur wegen des Zeilenendes; daher fehlt auch wieder das Schlußzeichen.   2. ⲟ könnte wohl auch ⲁ sein, von ⲛ ist nur ⲓ erhalten.   3. So, über der Zeile.   4. Sic.   5. Ob hinter ⲉⲃⲟⲗ ein Punkt stand, ist nicht zu sehen. Vermutlich sollte auch hinter ⲛⲉⲕϩⲟ ein Punkt stehen, der Schreiber vergaß ihn aber und trug ihn dann über der Zeile nach, und zwar aus Flüchtigkeit hinter ⲉ.   6. ⲉⲃⲟⲗ scheint in einer Abkürzung über dem Zeilenende gestanden zu haben; des Raummangels wegen fehlt auch das Schlußzeichen.   7. Sie, ⲁⲉⲉ-.   8. Sic.

ⲧⲉⲛⲁϧⲏⲧ ⲉⲙⲧⲟⲩ [ⲉⲙⲟϥ]:　　　|
ϣⲉⳃⲟⲟ¹

B. 2. 13. Ⲁⲓⲉⲙⲙⲉ ⲉⲛⲟⲩⳗⲓⲁⲟⲩⲏⲓ.
ⲙⲉⲛⲛⲟⲩⲧⲉ ⲙⲛϣⲛⲁⲣⲁⲃⲁ ⲙⲙⲟⲉ.
ϫⲉ-ⲙⲛⲡⲣⲉⲁⲃⲟⲗ ⲉⲛⲣⲟ.
ⲙⲛⲁⳑ ⲉⲛϧⲟ ⲛⲉϧⲓⲙⲉ ϣⲁⲉⲛⲉϧ.²
ⲉϣⲱⲡⲉ ϣⲁⲣⲥⲱ ⲙⲛⲙⲁ.
ⲱ ⲧⲁⲙⲁⲁⳑ ⲛⲱ ⲟⲩⲛⲧⲉ ⲛⲏ.
ⲉϣⲱⲡⲉ ϣⲁⲣⲃⲱⲛ ⲉⲛⲟⲩⲏⲓ.
ⲉⲣⲉ ⲛⲟⲩ ϫⲓⲙⲟⲉⲓⲧ ⲛⲉ²

14. Ⲁⲛⲱ ⲛⲧⲉϧⲣⲱⲙⲁⲙⲛⲁ ⲛⲉⲟⲓ.
ⲁⲓⲉⲓ ⲛⲉⲧⲟϣ ⲉⲧⲛⲁⲗⲁⲥⲧⲛⲛ.
ϫⲓⲟⲩⲟϣ ⲧⲁⲛⲁⳑ ⲉⲛⲉⲕϧⲟ
ⲁⲣⲭⲉⲗⲗⲓⲧⲛⲉ ⲛⲁϣⲛⲣⲉ ⲙⲙⲉⲣⲓⲧ.
ⲛⲉ ⲛⲉϧⲟⲓⲙⲉ ⲛⲟⲁⲗⲁⲉⲉⲁ.
ⲛⲧⲁⲛⲡⲗⲉⲁ ⲛϧⲓⲧⲟⳑ.
ϯϧⲓⲉ ⲛⲁⲓ.
ⲛⲟⲉ ⲙⲛϣⲁϫⲉ ⲛⲧⲁⲛⲁⲩⲟϥ¹.
ϫⲉ-ⲙⲙⲁⳑ ⲉⲛϧⲟ ⲛⲉϧⲓⲙⲉ ϣⲁⲉⲛⲉϧ:　　　ⲛⲁⲗⲗⲟⲉ

15. ⲛⲁⲗⲗⲟⲉ Ⲁϫⲓⲉ ⲉⲛⲁϣⲛⲣⲉ ⲛⲁⲙⲉⲣⲓⲧ.
ϫⲓⲉ ⲛⲉⲕⲃⲉ ⲛ[ⲉ]ⲧⲁⲩⲉⲁⲛⲟⲩϣⲛ.
ⲉⲉⲁϧⲣⲁⲧⲟⳑ ⲉⲣⲟⲛ.
ⲉⳑⲉⲛⲟⳑⲙⲓ ⲛⲛⲁⳑ ⲉⲣⲟⲛ²
ⲁⲣⲭⲉⲗⲗⲓⲧⲛⲉ ⲛⲁⲙⲉⲣⲓⲧ.
ⲁⲙⲟⳑ ⲉⲃⲟⲗ.
ⲧⲁⲛⲁⳑ ⲉⲣⲟⲛ.
ⲧⲁⲁⲥⲛⲁⳅⲉ ⲙⲙⲟⲕ⁵
ⲧⲉⲛⲁⲣⲁϣⲉ ϫⲟⲛ ⲉⲃⲟⲗ⁶

---

1. Unter der letzten Zeile des Blattes.　　2. Wegen des Raummangels am Zeilenende die letzten Worte in Ligatur, und kein Schlußzeichen.　　3. Hier ist gewiß ein
Punkt ausgelassen; Zeilenende.　　4. Lies ⲧⲁⲩⲟϥ.　　5. Der Raum am Zeilenende so
knapp, daß kaum Platz für einen Punkt blieb.　　6. Kein Platz für ein Schlußzeichen.

16. Ⲃⲱⲕ ⲁⲝⲓⲉ ⲉⲧⲉⲩⲛⲕⲗⲩⲧⲓⲕⲓ ⲧⲁⲙⲁⲁⲩ.
ϫⲉ-ⲁⲓⲉⲙⲙⲉ ⲛⲟⲩⲁⲓⲁⲟⲛ.'
ⲙⲉⲛⲛⲟⲩⲧⲉ |ⲛ|ⲧⲏⲥ.
ⲁⲛⲟⲕ ⲙⲛⲡⲡⲁⲣⲁⲃⲁ ⲙⲙⲟⲥ.*
ⲛⲁⲛⲟⲩⲉ ⲧⲁ|ⲛⲁⲩ ⲉ|ⲛⲟⲩⲣⲟ.
ϧⲛ ⲧⲙⲛⲧⲉⲣⲟ ⲛⲉⲛⲛⲏⲩⲉ.
ⲉⲩⲧⲁ ⲟ—ⲟⲟⲟⲟ ⲧⲁⲙⲗⲟⲩⲟⲥ.
ϧⲁⲛⲉⲛⲧⲁⲓⲁⲁⲩ: | |

B. 3. 17. ⲧⲛ̄ⲁ ϧⲓⲉⲉ Ⲃⲱⲕ ⲉⲛⲟⲩϫⲁϫⲉ ⲙⲉⲧⲁⲙⲁⲁⲩ.
ϫⲉ-ⲧⲟ—ⲟⲟ ⲃⲱⲕ ⲡⲁⲧⲟⲩⲛⲁⲧⲣⲓⲉ.
ⲙⲟⲛ ⲁⲩ ⲛⲟⲩⲗⲟⲩⲟⲥ ⲉⲛⲛⲟⲩⲧⲉ ⲛⲧⲏⲉ;³
ⲛⲛⲛⲁⲩ ⲉⲛϧⲟ ⲛⲉϧⲙⲉ ⲡⲁⲥⲛⲉϧ.*
ⲙⲛⲡⲡⲁⲣⲁⲃⲁ ⲡⲁⲓⲁⲟⲛⲕⲓ.'
ⲧⲁⲓ ⲛⲧⲁⲓⲉⲙⲙⲓⲛⲧⲉ ⲙⲉⲛⲛⲟⲩⲧⲉ.
ⲙⲓⲛⲟ ⲛⲉⲓϭⲟⲛⲧ ⲉⲣⲟⲓ'
ⲛⲉⲛⲟϫⲉ' ⲉⲁⲃⲟⲗ ⲉⲙⲟⲩ: ⲁⲗⲗⲟⲥ

18. Ⲃⲱⲕ ⲛⲉⲛⲟⲩϫⲁϫⲉ ⲙⲉⲛⲁⲡⲡⲣⲉ.
ⲁⲣⲭⲉⲗⲗⲓⲧⲏⲥ ⲛⲉⲧⲙⲉ ⲙⲟⲥ⳨.
ϫⲉ-ⲁⲛⲟⲕ ⲛⲉ ⲧⲉⲩⲛⲕⲗⲩⲧⲓⲕⲓ ⲧⲉⲕⲙⲁⲁⲩ.
ⲉⲧⲁⲓⲉ ⲉⲛⲙⲁ ⲧⲁⲛⲁⲩ ⲉⲣⲟⲕ.*
ⲉⲓⲉ ⲛⲉⲕⲓⲃⲉ ⲛⲁⲓ ⲉⲧⲁⲕϫⲓ ⲙⲙⲟⲟⲩ.
ⲧⲕⲁⲗⲁϧⲩ ⲉⲧⲁⲥⲧⲟⲟⲩⲛ ϧⲁⲣⲟⲕ.
ⲉⲉⲁϧⲉⲣⲁⲧⲉ' ⲉⲛⲃⲟⲗ ⲉⲛⲣⲟ.
ⲉⲉⲟⲩⲟⲡ ⲉⲡⲁϫⲉ ⲛⲉⲙ'

19. Ⲁⲧⲧⲁⲣⲕⲟ' ⲱ̄ ⲧⲁⲙⲁⲁⲩ.
ⲉⲛⲣⲁⲛ ⲉⲛⲟ̄ⲥ ⲉⲛⲉⲥⲟⲙ.
ⲉⲓϫ|ⲱ|ⲛⲉ ⲡⲁⲣⲧⲓϧⲓⲉⲣ ⲛⲁⲓ.
ⲧⲁⲥⲉⲓ'' ⲉⲃⲟⲗ ⲧⲁⲛⲁⲩ ⲉⲛⲟⲩⲣⲟ.
ⲁⲧⲓ-ⲗⲟⲩⲟⲥ.

---

1. Sic.   2. Von ε noch ein Rest erhalten.   3. Sic.   4. Anstatt ⲛⲁ könnte
man zur Noth ⲧⲁ lesen.   5. Ohne Punkt, Zeilenende.   6. Sic.   7. Sic.
8. Abkürzung für ⲛⲉⲙⲁⲕ, wegen Raummangel am Zeilenende; daher auch kein Schluss-
zeichen.   9. ⲟ korrigirt aus.'   10. Sic.

ⲥⲛⲟⲩⲧⲉ ⲛⲧⲡⲉ.
ϫⲉ-ⲙⲙⲁⲩ ⲉⲛϭⲟ ⲉⲛ|ⲉϭⲓⲙⲉ|'ϣⲁⲉⲛⲉϩ.
ⲙⲛⲡϣⲛⲁⲣⲁⲃⲁ ⲙⲙⲟⲥ.
ⲧⲉⲛⲁⲛⲟⲩⲧⲉ ⲛⲟϫ ⲉⲃⲟⲗ:

20. Ⲁⲩⲧⲁⲣⲕⲟⲛ ⲥⲛⲟⲩⲧⲉ ⲛⲧⲡⲉ
ⲁⲣⲭⲉⲗⲗⲓⲧⲏⲥ ⲡⲁϣⲏⲣⲉ ⲙⲙⲉⲣⲓⲧ.
ϣⲉⲛⲉϥⲧⲓⲛ ϩⲁⲣⲟⲓ ⲁⲙⲟⲩ ⲉⲃⲟⲗ ⲛⲁⲓ ⲧⲁⲛⲁⲩ ⲉⲣⲟⲕ.'
ⲁⲣⲓ-ⲛⲙⲉⲩⲉ ⲟ ⲡⲁϣⲏⲣⲉ.
ⲛⲛⲉϩⲣⲉ ⲛⲧⲁϣϣⲟⲛⲟⲩ ⲛⲉⲙⲁⲕ.
ⲉⲕⲁⲗⲏ ⲉϫⲟⲛⲁⲥⲓϫ.
ⲉⲓⲧⲓ-ⲉⲛⲓⲃⲉ ⲉϩⲟⲩⲛ ⲉⲣⲱⲕ.
ⲉ · ϩ ϩ ϩ ϩ ⲛⲁⲩ ⲉⲛ|ⲉⲕ|ϩⲟ.
ⲛⲁⲙⲉⲣⲓⲧ ⲛⲟⲩⲟⲉⲓⲛ ⲉⲛⲁⲃⲁⲗ|.|
ϩ ϩ ϩ ϩ ϩ ϩ · ϩ ϩ ϩ ⲉ ϩ · ⲉⲛϭ · ⲛⲟⲩⲧⲉ:

B. 4. · ⲛⲉⲣϩ · ϩ · · ϩ ⲛⲡⲣⲟⲙⲛⲉ '

21. Ⲉϭⲓⲙⲉ ⲛⲓⲙ ⲉⲧⲁⲩϫⲡⲉ-ϣⲏⲣⲉ.
ⲉⲱⲟⲩⲁϩ ⲛⲧⲉⲧ|ⲛⲣ|ϣ|ⲙⲓ| ⲛⲉⲙⲁⲓ.
ϫⲟⲩϣⲏⲣⲉ ⲛⲟⲩⲱⲧ ⲁⲓϫⲛⲟϥ.
ⲁⲛⲟⲕ ⲡⲉⲛⲧⲁⲓⲙⲡⲉϥⲙⲟⲩ ⲛⲁϥ.ϩ
ⲧⲟⲩⲱϣ ⲟⲩⲥⲟⲡ' ⲉϣⲁⲛⲁⲩ ⲉⲣⲟⲕ.
ⲙⲛⲁⲣⲁ ⲛⲉⲭⲣⲓⲙⲁ ⲧⲓⲣⲟⲩ ⲙⲛⲕⲟⲥⲙⲟⲥ.
ⲛⲟⲩ ⲛⲉ ⲛⲁⲃⲟⲛⲟⲟⲥ.
ⲉⲣⲉⲛⲁⲣⲟⲟⲩϣ ⲛⲛϫ ⲉⲣⲟϥ:ᵒ

22. Ⲛⲉⲉϭⲓⲙⲉ ⲉⲛⲧⲁⲩϫⲡⲉ-ϣⲏⲣⲉ.
ⲉⲱⲟⲩⲁϩ ⲛⲧⲉⲧⲛⲣⲓⲙⲓ ⲛⲉⲙⲁⲓ.
ϫⲉ-ⲟⲩϣⲏⲣⲉ ⲛⲟⲩⲱⲧ ⲁⲓϫⲛⲟϥ.
ⲁⲛⲟⲕ ⲡⲉⲛⲧⲁⲓⲙⲡⲉϥⲙⲟⲩ ⲛⲁϥϩ
ⲁⲓϫⲟⲟⲩⲕ ⲉⲁⲟⲛⲛⲉⲟⲥ.
ⲙⲉⲛⲃⲉⲣⲉⲧⲟⲥ ϫⲉⲛⲁⲛⲟⲓ ⲉⲉϩⲁⲓ.

---

1. Er hat eine Verschreibung verbessert und dabei ϭⲟⲓⲙⲉ ausgelassen. 2. Ohne Punkt wegen Raummangels. 3. Offenbar zwei oder drei Verszeilen, doch wage ich nicht, sie zu trennen. 4. Überschrift wie bei A.1. B.1; vor ⲁ fehlt kaum etwas. 5. Wohl nicht ⲉⲩⲥⲟⲛ. 6. Für das ganze Schlußzeichen fehlte der Raum.

ⲁⲛⲕⲁ-ⲛⲁⲓ ⲧⲏⲣⲟⲩ ⲛⲥⲱⲛ.
ⲁⲛⲃⲱⲕ ⲁⲛⲉⲣⲙⲟⲛⲁⲭⲟⲥ: ϣⲟⲩⲧ ⲉϩⲟϥ

23. Ⲁⲓⲉⲛ-ⲛⲛⲟⲥ ⲉⲛⲉⲗⲁⲩⲟⲥ.
ⲭⲛ ⲉⲧⲛⲟⲗⲓⲉ ϩⲣⲱⲙⲛ.
ⲁⲓⲉⲓ ϣⲁⲣⲟⲕ.
ⲁⲣⲭⲉⲗⲗⲓⲧⲉ ⲛⲁϣⲏⲣⲉ ⲛⲟⲩⲟⲓ.
ⲛⲟⲩⲟⲉⲓⲛ ⲉⲓⲟⲙⲁⲃⲁⲗ.⳾
ⲁⲛⲟⲕ ⲁⲙⲛⲁⲓ ⲧⲏⲣⲟⲩ ⲉⲭⲟⲛ.
ⲱ ⲛⲁϣⲏⲣⲉ ⲁⲣ|ⲭⲉⲗ|ⲗⲓⲧⲉ.
ⲁϩⲣⲟⲓ ⲁⲛⲟⲕ ⲉⲓⲛⲥⲟⲟⲩⲛ ϩⲟⲩ ⲉⲓ
ⲁⲓⲛⲛⲉⲕⲙⲟⲩ¹ ⲛⲁⲕ:

24. Ⲃⲓⲁⲧⲕ |ⲉ|ϩⲣⲁⲓ¹ ⲧⲉⲕⲛⲁⲩ ⲉⲛⲁϩⲟ.
ⲁⲣⲭⲉⲗⲗⲓⲧⲉ ⲛⲁϣⲏⲣⲉ ⲙⲙⲉⲣⲓⲧ.
ⲁⲛⲟⲕ ⲛⲉ ⲧⲉⲩⲛⲕⲗⲩⲧⲛⲛ ⲧⲉⲕⲙⲁⲁⲩ¹
ⲛⲧⲁⲓⲉⲓ ⲉⲛⲙⲁ ⲧⲁⲛⲁ|ⲩ ⲉ|ⲣⲟⲛ.⳾
ⲛⲛⲁ·ⲛⲧⲁⲓⲉⲓ ⲧⲁⲛⲁ|ⲩ| ⲉⲣⲟⲛ.
ⲧⲉⲟⲛⲟⲓ⳨ⲟⲟⲟⲟⲟ ⲉⲣⲟⲛ.
ⲁⲓⲉⲓ ϣⲁⲣⲟⲕ ⲛⲁϣⲏⲣⲉ ⲙⲙⲉⲣⲓⲧ
ⲙⲉⲛⲁⲩⲟⲟⲟⲟⲟⲙⲟⲩ:

1. Das ⲓ stände vor ⲥⲟⲟⲩⲛ, mit dem eine neue Zeile beginnt, am Rande, wie eine Korrektur. — Hinter ⲉⲓ wohl kein Punkt. 2. Streiche ein ⲛ. 3. Hinter ⲉϩⲣⲁⲓ noch der Rest eines Zeichens? 4. Ob ein Punkt stand, ist nicht zu sehen (Zeilenende). 5. Oder ⲙⲛⲁ? 6. Punkt nicht sichtbar.

Von der folgenden Strophe (25) sind nur noch einzelne Worte lesbar: (7 Buchstaben) ⲛⲛⲛ ⲁⲉⲓϣⲟ (10 Buchstaben) ⲛⲟⲩϣⲏⲣⲉ (13 Buchstaben) ϣⲏⲣⲉ ⲛⲟⲩⲟ[ⲧ] (24 Buchstaben) ⲁⲉⲣⲟⲛⲁϩⲟⲩ (25 Buchstaben) ⲁⲛ (23 Buchstaben bis zum Schluſs der Seite).

Daſs der Text in der Hauptsache aus Wechselreden zwischen einem heiligen Archellites und seiner Mutter Tsynklytike¹ besteht, die ihn im Kloster aufsucht und die er nicht wiedersehen will, sieht man leicht.

¹ Der ⲁⲣⲭⲉⲗⲗⲓⲧⲉ (in Vers 12: ⲁⲣⲭⲩⲗⲗⲓⲧⲉ) ist ein Ἀρχελλίτης, die ⲧⲉⲩⲛⲕⲗⲩⲧⲛⲛ eine Συγκλητική. Da dieser letztere Name hier stets den Artikel hat, muſs der Verfasser unseres Textes sich noch seiner Bedeutung bewuſst gewesen sein.

12　　　　　　　　　　A. ERMAN:

aber wäre uns nicht (worauf mich Oscar von Lemm hinwies) die Geschichte dieses Heiligen im Synaxarium erhalten, so würde es schwerlich jemandem glücken, alles zu errathen, was zwischen diesen einzelnen Reden geschieht und sie veranlafst. Ich mufs daher zunächst mittheilen, was der koptische Heiligenkalender unter dem 14. Tybi, dem Todestage unseres Heiligen, berichtet; ich gebe unten (S. 22) den arabischen Text nach den Göttinger Hss., deren Abschrift ich der Güte Pietschmann's verdanke. Eine vollständige Übersetzung findet sich in Wüstenfeld's Synaxarium S. 237 ff.

Arschelides entstammte einer vornehmen Familie Roms und war der Sohn eines Johannes und einer *Seklatika* (var. *Scheklatiki*), die beide fromm waren.

Als er sein zwölftes Lebensjahr erreicht hatte, ging sein Vater in Frieden zur Ruhe, und seine Mutter beschlofs, ihn zu verheirathen, er wollte es aber nicht. Da rieth sie ihm, zum König zu gehen und die Stelle seines Vaters zu nehmen, und sie sandte zwei von seinen Dienern mit ihm und viele Geschenke, dafs er sie dem Könige bringe und die Stelle seines Vaters nehme[1].

Auf dieser Reise leidet der Jüngling Schiffbruch, rettet sich aber allein an den Strand, und hier ist es, wo ihm ein vom Meere ausgespülter Leichnam die Nichtigkeit *dieser vergänglichen Welt* und das بلاطا الخراب الـ so vor Augen führt, dafs er der Welt zu entsagen beschliefst.

Dann lief er schnell und begab sich nach einem Kloster, das dem heiligen Rumanius (var. Rumanus) geweiht war, und blieb in ihm, nachdem er ihnen gegeben hatte, was ihm noch an Schätzen und an Kleidern geblieben war.

Dort kasteite er sich und gelangte zur äufsersten Vollkommenheit, und der Herr gab ihm die Gnade, Kranke zu heilen, und wer zu ihm kam von sämmtlichen Krankheiten, über dem betete er und er wurde geheilt. Er machte mit dem Messias einen Vertrag, dafs er kein Frauengesicht sehen werde.

Als eine Zeit vorbei war und die Nachricht von ihm bei seiner Mutter ausblieb und sie nicht wufste, was mit ihm geschehen war, so meinte sie, er sei gestorben und trauerte sehr über ihn.

Dann baute sie eine Herberge (funduk) und stiftete sie für die Fremden und Reisenden, darin einzukehren. Dann machte sie ein Zimmer darin und bewohnte es.

---

[1] Es sind etwa die Verhältnisse des vierten Jahrhunderts vorausgesetzt, da der Kaiser nach dem folgenden in Konstantinopel residirt.

Eines Tages hörte sie, wie ein Kaufmann dem anderen von dem heiligen Arschelites erzählte und von seiner Heiligkeit und seiner Frömmigkeit und von der göttlichen Gnade[1], die er hatte. Dann beschrieb er sein Wesen und seine Abzeichen. Da machte sie sich an den Kaufmann und erfuhr(?) von ihm über ihren Sohn und erkannte, daß es ihr Sohn war. Da machte sie sich augenblicklich auf und reiste zu dem Kloster.

Sie sandte zu ihm, ihm ihre Ankunft zu melden und die Zusammenkunft mit ihm zu erstreben. Da sandte er und sagte ihr, daß er sich gegen den Herrn, den Messias, verpflichtet habe, keineswegs ein Weibergesicht zu sehen und daß es ihm unmöglich sei, die Verpflichtung zu übertreten. Da wiederholte sie ihm ihre Bitte und beschwor ihn, daß sie ihn sähe, und ließ ihn wissen, daß, wenn er nicht mit ihr zusammenkäme, sie in die Wüste gehen würde, daß die Thiere sie fräßen. Als er erkannte, daß sie ihn nicht verlassen würde und daß er die Verpflichtung, welche er mit dem Messias eingegangen war, nicht übertreten werde, so betete er und bat den Herrn, den Messias, daß er seine Seele nähme. Dann sagte er zu dem Thürhüter: »bitte sie, einzutreten«, und der Herr nahm seine Bitte an und erhörte sein Gebet und nahm seine geheiligte Seele.

Als sie zu ihm eintrat, fand sie, daß er seine Seele schon hingegeben hatte, und sie schrie mit lauter Stimme und weinte. Dann bat sie den Herrn, daß er auch ihren Geist empfinge, und der Herr nahm ihre Bitte an und nahm ihren Geist.

Beim Begräbnifs aber kam aus dem Leibe des Heiligen eine Stimme und bat, sie beide in einem Grabe beizusetzen, wie es denn auch geschehen ist.

So die Fassung des Synaxariums. Wo unser Gedicht beginnt, steht Archellites an der Pforte des Klosters des Romanus und der Vorsteher befiehlt, ihn einzulassen:

1. *Öffnet ihm und führt ihn herein.*
   stellt ihn hin vor mich,
   daß ich sein Gesicht sehe, von wannen er ist.
   Der Vorsteher sagte:
   ich vergleiche[2](?) sein Haupt der Art der Engel
   und[3] ich setze ihn in das Kloster.

[1] Nämlich seiner Heilkraft.

[2] Das etwa mag die Wendung »ich gebe sein Haupt dem σχῆμα der Engel« bedeuten, die ich sonst nicht kenne.

[3] Der Sinn ist gewifs: »weil er mir wie ein Engel erscheint, nehme ich ihn auf«, aber wie sind diese Konjunktive, denen kein anderes Verb vorhergeht, zu erklären? Die Fälle elliptischen Gebrauchs des Konjunktivs, die Stern, Gramm. § 446 aufführt, sind nicht ähnlich.

Heilungen werden durch ihn geschehen
und alle Leute werden seinen Ruhm sagen.

Der Heilige bittet ihn, ihn unter die Mönche aufzunehmen:

2. *Ich rufe dich an, mein Vater,*
du Vorsteher dieses Klosters.
Du sollst mich zum Mönche bei dir machen,
daſs ich unter dem Schatten des . . . bleibe.
Mein Herr und Vater¹ wirf mich nicht heraus,
denn du wirst Rechnung für mein Blut ablegen.
Gott vom Himmel ist mein Helfer,
meine Sorge ist auf ihn geworfen.

Ohne weiteres wird nun der Schauplatz der Handlung nach Rom verlegt,
wo die Synklytike um ihren Sohn klagt. Sie hatte ihn (es ist das eine
Abweichung von der arabischen Fassung) »zur Schule« geschickt oder wie
Vers 22 es genauer ausführt, »nach Athen und Beryt, um schreiben zu lernen«
und nun ist er verschollen².

3. *. . . ich . . . . . zum schreiben³,*
was ist . . . . ?
Archellites, mein lieber Sohn,
dessen Name süſs ist für meinen Mund⁴,
. . . . . ⁵
bin ich täglich getröstet, wenn ich dein Gesicht sehe.
Die Habe deines Vaters genügt mir und dir.
Groſs ist mein Kummer.

4. *Wenn ein Mann in die Fremde geht*
und er verbringt ein Jahr, so kehrt er zu seinem Hause zurück.
Archellites ging zu der Schule

---

¹ Das Fehlen des Artikels in ⲉⲓⲱⲧ ist merkwürdig.

² Das Motiv, daſs der heilige Jüngling zum Studium nach Beryt geschickt wird, aber
lieber ins Kloster geht, findet sich im Synaxarium in der Geschichte von Johannes und Arcadius,
die mit der unseren auch sonst Verwandtes hat (Synaxarium, übers. von Wüstenfeld S. 124).

³ Vielleicht ist zu lesen ⲥ̄ⲟⲟⲩⲛ ⲉⲅⲥⲁⲓ, und die Mutter klagt wie in 22 darüber,
daſs sie ihn zur Erlernung des Schreibens ausgeschickt habe.

⁴ Gegen die Grammatik, aber doch sicher so gemeint. Ebenso unten in 7. 11, 12 und 23.

⁵ Es stand wohl etwa: Wenn du zurückkehrst, so bin ich getröstet, denn ich habe
ja für uns beide genug zu leben.

seit vielen Tagen sah ich nicht sein Gesicht.
Wenn du lebst, mein lieber Sohn,
so wird dich der Herr zu mir zurückführen[1],
wenn aber[2] du gestorben bist,
so möge der Herr mit dir Mitleid haben.

5. Ich traure um dich, mein lieber Sohn,
Archellites, den ich liebe,
dessen Name süfs ist für meinen Mund,
aufser dem ich keinen habe.
Meine Brüder und meine Bekannten,
mögen sie mit mir trauern und klagen
über den Tod meines lieben Sohnes,
[ich weifs nicht][3], was [ihm] begegnet ist.

Damit endet das erste Bruchstück; 10 Strophen, wenn nicht mehr,
sind verloren gegangen. Synklytike hat ihre Herberge gegründet und
(hier entfernen wir uns wieder von der arabischen Fassung) »heilige Väter«,
also wohl Mönche[4], sind bei ihr eingekehrt. Sie hören von jemand, der an
einer Krankheit gestorben ist, und erzählen daraufhin von dem Wunderthäter.

6. Ach hätte[5] dieser doch gehen können
zum Kloster des Apa Romanus,
zu diesem Heiligen, Namens Archellites,
und er hätte ihn angerufen[6]
und er hätte zu Gott für ihn gebetet,
(so) richtet ihn die Genesung auf,
denn Gott vom Himmel
ist mit ihm.

---

[1] ⲉⲣⲟ hat hier gewifs diese Bedeutung, die für das B. ⲧⲁⲕⲟ die gewöhnliche ist, vergl.
auch unten S. 33.

[2] ⲟⲛ heifst in diesem Text auch »aber«, vergl. auch Vs. 10.

[3] Lies etwa ⲙⲓⲥⲧⲙⲉ.

[4] Falls das »heiliger Vater« nicht etwa bei diesen späteren Kopten nur zu einer ehren-
den Bezeichnung — etwa wie heute ⲹⲉⲝ — geworden ist, vergl. unten S. 30 und S. 35.

[5] Die auffallende Verbindung ⲉⲛⲉ ⲁⲧⲁ- hat Stern, Gramm. § 630 schon belegt. Nur
durch die dichterisch lebhafte Sprache läfst es sich erklären, dafs sich an dieses Perfectum das
praesentische ⲟⲩⲁⲡⲉ- schliefsen kann; man erwartet: »es hätte ihn die Heilung aufgerichtet«.

[6] παρακαλεῖν.

Synklytike merkt, dafs es ihr Sohn ist und will auch zu ihm, dafs
er sie von ihrer Krankheit, dem Kummer, heile.

7. *Ich bitte euch, meine heiligen Väter,*
sagt mir den Ort, wo dieser Mann weilt,
dafs ich gehe und ihn anrufe;
vielleicht richtet mich sein Mitleid auf.
Eine Krankheit ist ja[1] in meinem Innern,
seit vielen Tagen kenne ich ihre ...[2] nicht;
dafs ich gehe und ihn anrufe;
vielleicht richtet mich die Genesung auf.

Die Väter warnen sie vor diesem nutzlosen Beginnen:

8. *Du Weib, wir ... ein ... auf ihn[3]:*
du kannst nicht zu jenem Orte gehen,
Es sind viele ...[4] auf dem Weg
und weiter ... [schauen]
...[5] den Heiligen, Namens Archellites,
er sieht ewiglich kein Weibergesicht.

Sie aber beharrt auf ihrem Entschlufs und geht zum Erzbischof, ihm
ihre Habe anzuvertrauen.

9. *Bitte für mich, du Erzbischof,*
und so gehe ich nach der Romania.
Ich habe ja von Archellites gehört,
dafs er ein grofser Vollkommener geworden ist.
Und ich gehe und werde Nonne bei ihm
und meine Freude wird voll.

10. *Mein Vater, du Erzbischof,*
nimm[6] meine Schätze und lege sie zu dir.

---

[1] Dies ⲙⲟⲛ, das auch in Vers 9. 10. wiederkehrt, wird wohl ⲙⲟⲛⲟⲛ sein, das aber
eine leise begründende Bedeutung angenommen zu haben scheint.

[2] ⲛⲟⲩⲏ.

[3] Man mufs wohl lesen: ⲉⲛⲁⲓⲧ ⲟⲩⲅⲕⲉⲟⲥ ⲉⲝⲱⲡ, was ich aber nicht verstehe.

[4] ⲁⲩⲡⲓⲟⲩ: man erwartet: Räuber, wilde Thiere oder ähnliche Schrecknisse. Ob ⲟⲩⲡⲓⲟⲩ
zu lesen ist?

[5] Der Sinn ist natürlich: »und selbst wenn du hingelangst, so kannst du den Heiligen
doch nicht sehen«. Demnach ist [ⲥⲟⲗⲅⲩⲧ] zu lesen, aber weiter wage ich nicht zu ergänzen.

[6] Das Wort ist aus dem Boheirischen bekannt; dafs es auch sahidisch vorkommt, habe
ich von O. von Lemm erfahren, der die Belege in der Festschrift für Ebers mittheilen wird.

Es haben mir ja Leute bezeugt,
daß mein Sohn Archellites lebt.
Wenn ich gehe und umkehre und zurückkomme,
so gebe ich einen Theil an die Kirche[1];
wenn ich aber gehe und bei ihm bleibe,
so gieb sie den Armen und den Waisen.

Zwischen diesen letzten Versen und dem Anfang des dritten Bruchstückes fehlen mindestens 5 Strophen. Synklytike ist zum Kloster gekommen und sendet einen Boten zu ihrem Sohne, ihn herauszurufen, er aber
weigert sich zu kommen. Ob dieses Gespräch bei Vers 11 erst beginnt, wie
man zunächst denkt, bleibe dahingestellt; es ist sehr wohl möglich, daß sie
sich das Alles schon einige Male vorher gesagt haben, wie sie es sich ja
auch nachher noch einige Male sagen.

11. Synklytike: *Der Leib, der dich getragen hat,*
und diese Brüste, die du genommen hast,
sie sind diese, die[2] dich suchen,
Archellites, mein Geliebter.
Ich beschwöre dich bei den Schmerzen,
die Christus für uns erlitten hat,
daß[3] du herauskommst, und daß ich dein Gesicht sehe,
daß meine Freude voll werde.

12. *Geh und sage zu Archyllites:*
Deine Mutter ist's, die an deiner Thür steht.
Ich bin zu dir gekommen, daß ich dein Gesicht sehe.
Wenn ich dich sehe, mag ich sterben.
Komm heraus, mein Geliebter,
und gieb meiner Seele Trost,
daß ich dein Gesicht sehe,
daß mein Herz sich beruhige.

[1] Nämlich als Dank für die Aufbewahrung.

[2] Dieselbe ungrammatische Verbindung wie in 3, 7 und wie im folgenden Verse.

[3] Auch von dieser Verwendung der Conditionalpartikel ⲉϣⲱⲡⲉ weiß das ältere Koptisch
nichts. Nach unserer Stelle und der ihr parallelen, Vers 19, giebt es also:

ⲧⲁⲣⲡⲛⲟ ⲙⲙⲟⲕ ⲉϣⲱⲡⲉ ⲅ̅ⲁⲕⲉⲓ , = ich beschwöre dich,
wörtlich: »ich beschwöre dich, wenn du kommst« \ nicht zu kommen

ⲧⲁⲣⲡⲛⲟ ⲙⲙⲟⲕ ⲉϣϫⲟⲛ ⲙⲉⲕⲉⲓ , = ich beschwöre
wörtlich: »ich beschwöre dich, wenn du nicht kommst« \ dich, zu kommen.

13. Archellites: *Ich habe einen Vertrag gemacht*
mit Gott, ich kann ihn nicht übertreten,
dafs ich nicht aus dieser Thür herausgehe
und kein Weibergesicht ewiglich sehe.
Wenn du hier bleibst,
o meine Mutter, so habe[1] das Kloster;
wenn du zu deinem Hause gehst,
so weist der Herr dir den Weg.

14. Synklytike: *Ich liefs die Romania hinter mir[2],*
ich kam zu den Gauen von Palaestina,
denn ich will dein Angesicht sehen.
Archellites, mein lieber Sohn.
Nicht haben die Fluthen des Meeres,
auf denen ich gefahren[3] bin,
mir (solchen) Schmerz bereitet,
wie dies Wort, das du geredet hast:
»ich sehe kein Weibergesicht ewiglich«.

15. *Sage meinem geliebten Sohn:*
Sieh, die Brüste, die dich ernährt haben,
sie stehen an deiner Thür,
sie begehren dich zu sehen.
Archellites, mein Geliebter,
komm heraus,
dafs ich dich sehe,
dafs ich dich grüfse,
dafs meine Freude voll werde.

16. Archellites: *Geh und sage zu Tsynklytike, meiner Mutter:*
»ich habe einen Vertrag gemacht
mit Gott vom Himmel.

---

[1] So wörtlich, falls der Text richtig ist.

[2] Nämlich auf meiner durch die R. führenden Reise. Es ist wohl hier so dem Wortlaut entsprechend zu übersetzen; gewöhnlich verwendet man aber ⲕⲱ ⲛ̄ⲥⲁ einfach für »verlassen«.

[3] ⲛ̄ⲗⲁⲥ; auf diese eigenthümliche Umbildung von πλεῖν hat schon Revillout in seinen »Mélanges d'épigraphie« (in den Mélanges d'Archéologie égyptienne et assyrienne II, 167) hingewiesen. Auch ⲕⲗⲁⲁ findet sich in der unlängst von Turajeff herausgegebenen Grabschrift (Kais. Russ. Archaeolog. Gesellsch. 1896 S. 79).

Ich kann ihn nicht übertreten.
Es ist gut, dafs[1] ich dein Angesicht sehe
in dem Königreich der Himmel
. . . . und ich lege Rechnung ab
von dem, was ich gethan habe.

17. *Geh und sprich mit meiner Mutter:*
Du (?) gehst zu deinem Vaterland.
Ich habe Gott vom Himmel gelobt[2]:
»ich werde kein Weibergesicht ewiglich sehen«.
Ich kann diesen Vertrag nicht übertreten,
den ich mit Gott geschlossen habe,
damit er mir nicht zürne
und mich (?)[3] von ihm verstofse.

18. Synklytike: *Geh und sprich mit meinem Sohne,*
Archellites, den ich liebe:
Ich bin die Synklytike, deine Mutter,
die ich hierher gekommen bin, dafs ich dich sehe.
Sieh, diese Brüste, die du genommen hast,
der Leib, der dich getragen hat,
sie stehen vor dieser Thür
und wollen[4] mit dir reden.

19. Archellites: *Ich habe dich beschworen, o meine Mutter,*
bei dem Namen des Herrn der Heerscharen,
dafs du mich nicht quälst,
dafs ich herausgehe und dein Gesicht sehe.
Ich habe gelobt
Gott vom Himmel:
»ich sehe ewiglich kein Weibergesicht«.

---

[1] Der Sinn wird sein: wenn ich dich jetzt im Leben sehen würde, so würde ich den Himmel und damit auch die Hoffnung, dich ewig zu sehen, verlieren.

[2] Dies mufs hier und in 19 ϯⲟⲩⲁⲗⲟⲩⲟⲥ und ϯⲗⲟⲩⲟⲥ nach dem Zusammenhang heifsen, im Unterschied von ϯⲗⲟⲩⲟⲥ »Rechenschaft ablegen« das in Vers 2 und 16 vorkommt.

[3] Dafs ⲛⲉⲛⲟⲝⲉ in ⲛⲉⲡⲟⲝⲉ zu verbessern ist, wird durch Vers 19 wahrscheinlich. An beiden Stellen habe ich übersetzt, als stände nicht ⲛⲟⲝⲉ oder ⲛⲟⲝⲉⲃⲟⲗ »dich verstofsen« sondern ⲛⲟⲝⲧ »mich verstofsen«, wie das ja der Zusammenhang fordert. Sprach man etwa das Suffix *et* damals *ē*? in Vers 2 schreibt er freilich korrekt ⲛⲟⲝⲧ.

[4] Oder — je nachdem man die Confusion des Textes so oder so ändert — »er (der Leib) steht . . . und er will . . . .«.

3 *

Ich kann es nicht übertreten,
daſs mich mein Gott nicht verstoſse¹.

20. *Synklytike: Ich habe dich bei Gott vom Himmel beschworen,*
Archellites, mein lieber Sohn.
habe Mitleid mit mir,
komm heraus zu mir, daſs ich dich sehe.
Gedenke, o mein Kind,
an die Schmerzen, die ich mit dir erlitt,
als ich dich auf meinen Händen trug (?)²
und deinem Munde die Brust gab.
...... dein Gesicht sehe,
mein Geliebter, du Licht meiner Augen.
      Gott ......

Daſs zwischen diesen Worten der Mutter und den folgenden nun die
Katastrophe liegt, das scheinbare Nachgeben des Heiligen, sein Gebet, Gott
wolle ihn zu sich nehmen, und sein Tod, würde niemand aus unserem Ge-
dichte allein ersehen. Erst durch den arabischen Text erkennt man die
folgenden Verse als die Totenklage der Mutter und versteht es, warum sie
sich in ihnen anklagt, daſs sie selbst ihrem Sohne den Tod gebracht habe.

21. *Alle ihr Frauen, die ihr Kinder gebart,*
sammelt euch und weint mit mir,
denn einen einzigen Sohn gebar ich
und ich war es, die ihm seinen Tod brachte.
Ich wünsche mehr, dich einmal zu sehen
als alle Schätze der Welt.
Der Herr ist mein Helfer,
meine Sorge ist auf ihn geworfen.

22. *Ihr Frauen, die ihr Kinder gebart,*
sammelt euch und weint mit mir,
denn einen einzigen Sohn gebar ich
und ich war es, die ihm seinen Tod brachte.
Ich habe dich nach Athen³ geschickt

---

¹ Eigentlich »und so verstöſst mich Gott«, als ginge vorher: »ich übertrete es«.
² Ich denke an ⲥⲕⲁⲗⲟⲩ ⲉⲝⲟⲩⲁⲥⲧⲝ; ⲉⲣⲁⲗⲟⲩ sagt auch der Physiologus (ÄZ. 1895. 56)
vom Vogel auf dem Baume.
³ ⲁⲟⲩⲛⲉⲟⲥ (d. h. eigentlich wohl Ἀθηναῖος) und ⲉⲥⲣⲉⲛⲟⲥ.

und nach Berytos, damit du schreiben lerntest [1].
Du hast alles dieses verlassen,
du gingst und wurdest Mönch.

23. *Ich habe dies grofse Meer durchfahren (?)* [2]
von der Stadt Rom an,
ich bin zu dir gekommen,
Archellites, mein einziger Sohn,
du Licht, das in meinen Augen ist.
Ich habe dies Alles über mich gebracht,
o mein Sohn Archellites.
Warum ... ich ...
ich habe dir deinen Tod gebracht.

24. *Blicke auf und sieh mein Gesicht,*
Archellites, mein lieber Sohn.
Ich bin Tsynklytike, deine Mutter,
die ich hierher kam, dafs ich dich sähe,
...... die ich kam, dafs ich dich sähe,
.... zu mir.
Ich kam zu dir mein lieber Sohn,
ich sehe nicht ...... Tod.

Wie man sieht, ist es für das Verständnifs all dieser locker an einander gereihten Reden nothwendig, dafs man sich den Gang der Handlung ständig vor Augen hält. Man kann daher nicht wohl bezweifeln, dafs der Vortrag unserer Verse einst noch von einer gleichzeitigen Wiedergabe der Legende begleitet war, die ihn erst ganz verständlich machte. Und da weiter, wie unten (S. 43) dargelegt ist, die Beischriften einzelner Strophen diese als selbständige Lieder mit besonderer Melodie kennzeichnen, so wird unser Text eben nur das enthalten, was bei der Vorführung der Archellites-geschichte gesungen wurde.

Es liegt uns nun am nächsten, uns diese Vorführung als eine dramatische zu denken: Schauspieler stellen die Geschichte des Heiligen dar, indem sie die gewöhnlichen prosaischen Gespräche improvisiren, aber die besonders rührenden Reden singen. Indessen darf man eine Stelle unseres Textes nicht übersehen, die diese Erklärung mindestens erschwert. Das ist

[1] ⲣⲟⲉⲓⲥ.

[2] ⲥⲓⲟⲩ in dieser Bedeutung ist mir nicht bekannt.

22   A. ERMAN:

Vers 1, in dem ein *der Vorsteher sagte* mitten im Verse ganz wie ein Stück
Erzählung aussieht[1]. Ich möchte daher einer anderen Auffassung den Vor-
zug geben, bei der diese Stelle weniger anstößig ist: die Geschichte wird,
etwa von einem öffentlichen Erzähler, frei vorgetragen sein, der seine Prosa
dann an den Hauptstellen durch Gesang dieser Verse unterbrach. Das wäre
dann dieselbe Art, in der noch heute in Kairo die Geschichten von Abu
Zeid vorgetragen wurden[2].

Der arabische Text der Archellites-Geschichte.

اليوم الرابع عشر من تـوبـه في عـذا اليوم تنيح الاب القديس ارشيلـدس ٣
عـذا كـن من اولاد الدير رومـيد واسـه ابيه نوحف وأسـه امد سـلـانـيد وادن دلتمه بريى ٧
قدام الله تعذى سـلـين في وحديد بغير عيب فلم بلغ ٨ عمرد اثني عشر سند تنيح والد
بسلام فقصدت والـدند ان تزوجد فلم يقعل فاشرت عليـه ان يتحى الى الملك ويخذ مدن
ابيه ولد ارسلت معد غلامين من غلمـنه وعـداد ثيرد ليقدمود الى الملك ويخذ وثبيعت
ابود فلم توسلوا انـد تـم عليهه ريم شديد واندسرت السفيند فتعلق القديـس ببعص
خشب انرتب فوند الى البر فلم سعد وجد انسـد ميت قد ثرحد الـرجـ فجلس يبكى
عليد وبفكـر فيم الى النمـى ابد فجعل يخدنب نفسد وبقول نـد م لى ومـد عـذا العـذـ
ثرابل وبعد عدا اموت وانمى الى النراب لم نبتن وحملا وثلـب من النسبد النسبب د امجد
ان يبدبد الى النـدبف استفبمد لم اندفع الى النشـى وثصد بعت الدبرد الذى على
اسم القديس روسنيود فدم فيه بعد م اعدث د كن فصل معد من الـل ومن النصو
لم سلك النـرـبف انبيقد لخزنه في الشقشق من النـدول ودن بغتدى ببقول الارتى لا غـبـ

Der Text nach der Göttinger Handschrift, Ms. arab. 112. Ich gebe die wesentlichen
Varianten der anderen Göttinger Handschrift, Ms. arab. 113.

1. Ohne اليوم.   2. Die Titulatur des Heiligen ist hier القديس انب اجدقد.
3. ارشيلـدس wie 112 auch weiter unten giebt.   4. مـدينـد رومـيد.   5. وكن اسـه.
6. شـلـانـيد.   7. وكد باربى ديـمـه.   8a. Ohne تعذى.   8b. لـ بلغ من.   9. بسلام.
fehlt.   10. موتنيع.   11. Nur و.   12. Wohl für ابيه؛ وتعذـد الملك 113 hat nur نبقدمـب.
13. عليـه بريـم شديـد.   14. خشبـن.   15. ميبن.   16. النوع.   17. فرتد م.
الـسيد يسوع النسبب يبـدبد يبـدبد للنـرـبف.   18. صلى او وملـك.   19. (ohne الـيبد). في م الـ النمـى.
20. في.   21. احـد لى احـد.   22. Ohne الـذـى.   23. روسنـيود.   24. م قد دن معد من.
فصـلـد.   25. Lies انتفشـع, wie auch 113 hat; für من hat es في.   26. Nur ببقول.

[1] Die ungezwungene Erklärung der Stelle ist: [der Vorsteher sagte:] *Öffnet ihm und
bringt ihn hin vor mich.* [Er ward hineingebracht.] *Der Vorsteher sagte: Er sieht ja wie ein
Engel aus* u. s. w.
[2] Vergl. Lane, Manners and customs II 117.

توصل الى حد الكمال واعند الرب سحدك نعمة شف مرتمى؟ وكن دمن؟؟ يقصد٬ من سبر
الامراض فيمض عليه فيشف؟؟ وشر مع المسبح ند انجد؟؟ ان لا بيشر وجد امراة غلم دماك
ند مدة؟؟ وابت خبر عن؟؟ واندت ود تعلم مد دن من امر فشننت؟؟ انه؟؟ مت خونت
علم حرد شيا؟؟ ند بنت فندق واوقفند برسم الغرد وانسقرين ينرثا فيه ند عملت؟؟
فيه الجرة سكتنت وق؟؟ بعض الايم متعت بعد النجر حدث صحبه؟؟ بخبر القديس
ارسلمدس وقدس ونسد ونجة الله نعلى؟؟ الرى عليد ند وبعض تمقند واصرد دجتمعت بندجر
وبقضة؟؟ مند على؟؟ وندت وحقفت اند وندت؟؟ فنصمت من سعتد وصرت الى الدير وارسلت
اند تعرف بوصوب وتقصد الاجتمع بد درسل سقول نبد اند قد عمد انسبد المسبح ند
انجد؟؟ اند لا بيشر؟؟ وجد امراد نبتد؟؟ واند س بف؟؟ يمند فصبر العبد قدرت عليه انسوال؟؟
واسحلفند ان تبجرد وتعرف انه؟؟ اذا ند جنمعد بت؟؟ والا متنت الى الميرة يدوث الوحوش
فلم عرف انب لا تنرحد واند لا بقسر العبد الدى قرن مع المسبح فمض ونلب من انسبد
المسبح ند انجد؟؟ ان بخد نفسد ند دل للبواب دعبد؟ تدخل فقبل الرب سحدند؟؟ سوائد
واسحاب ماله؟؟ واخد نفسد المقدمة فلم دخلت اليه؟؟ وجدند قد اسلم نفسد
فمرخت؟؟ دعلا صوتب وبدت ند سنت الرب سحدند؟؟ ان بقيت روحب اننا؟؟ فقبل الرب
سحدند؟؟ سوائب واحد روحب ود فضمدوا ان جنزود؟؟ سلموا ان يفرقا بينهم؟؟ قدة من
جسد صوت؟؟ بقبل اترصدا جسدى مع جسد واندى الى ند انبب نلبت ان تنظرى فى
الجيدة؟؟ تجعلوا الاثنين جميعا؟؟ فى قبر واحد وانبر الله نعدى؟ من جسد القديس اشفيد
تشرد جميع الامراض صلوات تكون معد ومع البنت والنصبح؟؟ امين

27. Lies mit 113 مرتمى شفى. 28. فدرن د مربت. 29. فيشفى. 30. مع المسبح.
أحلدت. 36. غلما صلت Nur. 31. روعقلد. 32. على. 33. فشنت. 34. اند قد. 35. عنيمد.
37. غسلنتبا فقى. 38. خدند صحيب ند. 39. Ohne تعذى. 40. وتقصمت. 41. عن.
42. اينف. 43. Nur المسبح. 44. عمد المسبح. 45. بينظر. fehlt. نبتد 46. Nur س.
47. قدرت انسوال ند. 48. بينتد وتبلدد بنب. 49. به. 50. من المسبح. 51. ندعب.
52. سحدند fehlt. 53. Erst صلاته dann صوائد. 54. امد. 55. الروح مرخت.
56. الله. 57. ايتضا نح. 58. الله. 59. جنفروة. 60. بينض. 61. صوت من جسد.
62. Nur د تبتد. 63. Ohne جميع. 64. Ohne نعذى. 65. Nur صلواتد معمد.

II. Ein Mährchen von Salomo.

Die Texte II—IV sind den Resten einer Sammelhandschrift entnom-
men, in der sich ein Kopte (nach S. 19 wird es *Humisi, Sohn des Apa David*
gewesen sein) Mährchen und Lieder zusammengetragen hat[1]. Sie befinden
sich im Besitze des Hrn. Dr. Carl Schmidt, der mich durch ihre freundliche

---

[1] Er benutzte für seine Handschrift altes Papier, denn auf dem unteren Theile von
S. 5 stehen Reste eines arabischen Textes, die älter sind als der koptische.

21   A. ERMAN:

Mittheilung zu besonderem Danke verpflichtet hat. Erhalten sind 16 Seiten
im Format 18^{cm} hoch × 13^{cm}5 breit. Reste zweier auf einander folgender Lagen.
deren jede aus drei Blättern bestanden haben wird. Erhalten sind von den
24 Seiten dieser beiden Lagen:

Seite 5–7 Schluß eines Mährchens von Salomo.
Seite 8 Lied ⲉⲓⲟⲩⲉⲙ-ⲟⲩⲣⲱⲙⲓ.
Seite 11–18 Mährchen von Theodosius und Dionysius.
Seite 19 Titelblatt und erste Zeile eines Liedes.
Seite 20, 23, 24 Lieder; da auf Seite 23 der Schluß zu dem auf S. 20
beginnenden Liede steht, so müssen auch 21 und 22 dazu gehört haben.

Von dem ersten Mährchen ist nur das folgende erhalten:

5 ⲧⲉⲩⲁⲣ ⲁⲥⲉⲉ |ⲙⲟⲩⲁⲙⲟⲩ| ⲛⲉⲣⲛ ⲁⲟⲧⲁⲁⲃ ⲛⲁⲥ ⲛⲉⲣⲃⲉ|ⲟ|ⲏⲣ
ⲉⲩⲉⲉⲛⲧ' ⲉⲣⲁⲥⲓ ⲁⲥⲁⲃⲟ ⲙⲁⲝⲉ ⲛⲙⲁⲉⲓ ⲝⲉ-ⲉⲙ ϭⲱ ⲛⲟⲩⲁⲙⲟⲧ
ⲛⲉⲣⲛ ⲉⲧⲟⲣⲧⲉⲕⲟⲧⲝ ⲙⲁⲓⲟⲉⲃⲓⲟ ⲁⲛ|ⲉ|ⲕⲁⲧ|ⲟ| ⲉⲃ|ⲟ|ⲗ

ⲁⲙⲁ ⲟ ⲧⲟⲩ ⲛⲧⲁ ⲙⲏⲁ ⲛⲟⲧⲟ ⲧⲁⲙⲁⲝⲉ ⲛⲉⲙⲟⲁ ⲟⲟ ⲉⲱⲗⲟⲙⲟⲛ ⲛ|ⲟⲉ|
ⲉⲛⲉⲣ|ⲣⲱⲟⲩ| ⲉⲩⲱⲙⲉ ⲧ |' ⲁⲕ ⲟⲩⲉⲣⲣⲱ ⲕⲟⲉ|ⲃⲓⲟ|-|' ⲱ
ⲛ ⲟⲉ ⲙⲁⲛ|ⲟⲧ ⲛⲉⲣⲛ| 6 ⲟⲉⲃⲓⲟ ⲁⲛⲉⲕⲁⲙ|ⲧⲟ ⲉ|ⲃⲟⲗ

ⲟ ⲉⲧⲩⲗⲗⲟⲥ ⲟⲧⲁⲭⲟⲣⲁ ⲱ ⲉⲱⲗⲟⲙⲟⲛ ⲛ|ⲟⲉ| ⲉⲛⲉⲣⲣⲱⲟⲩ ⲛⲙⲁⲛⲝⲁⲟⲩ
ⲧⲉⲛⲉⲛⲧⲉ ⲉⲛⲁ|ⲁ| ⲙⲁⲃⲉⲣⲛⲱⲟⲩ ⲟⲛⲉⲕⲛⲁⲗⲗⲁ+ⲓⲟⲛ (leer)² ⲙⲁⲩ ⲕⲁⲧⲁ ⲛⲁⲟⲩⲁⲛ
ⲉⲱⲟ|ⲩ|ⲟⲁ ⲉⲣⲁⲓ ⲛⲉⲧⲉⲙⲟⲙⲟⲛ ⲧⲏ|ⲣ|ⲟⲩ ⲉⲧⲟⲁⲧⲉⲩⲝⲟⲩⲉⲓ|ⲁ| ⲟ ⲟⲩⲉⲓ ⲣⲁⲓ
ⲁⲛⲉⲉⲧⲩⲗⲗⲟⲥ ⲙⲁⲣⲛ +ⲛⲉⲉⲓⲟⲩⲁⲓ ⲝⲉ ⲟⲩ |ⲙ| ⲁ-ⲣⲟⲩⲟⲓ ⲁⲛⲙⲉⲟⲃ
ⲛⲧⲉⲩⲛⲟⲩ: ⲁⲧⲛⲁ|ⲙⲓ ⲛⲧⲉⲙ|ⲟⲙⲟⲛ +ⲛⲉⲉⲓⲟⲩ|ⲁⲓ ⲙⲁⲉⲱⲗⲟⲙ|ⲟⲛ ⲝ|ⲉ|-ⲝⲙⲙⲙ|ⲃⲓ|
ⲙ|ⲁ|ⲛⲛⲃⲓ (leer)⁴ ⁷ⲙⲁⲓⲉⲛⲉ ⲙⲁⲣⲁⲕ ⲉⲛⲉⲧⲩⲗⲗⲟⲥ

ⲛⲧⲁ ⲉⲣⲉ-ⲛⲙⲁⲝⲉ ⲟⲩ-ⲣⲟⲉⲓ ⲛⲉⲟⲗⲟⲙⲟⲛ ⲉⲓ|ⲉ-ⲧ|ⲛⲁⲙⲓ ⲛⲝⲉⲙⲟⲙⲟⲛ ⲁⲉⲓ⁵
ⲉⲣⲉⲛⲉⲉⲧⲩⲗⲗⲟⲥ ⲟⲣⲝⲁⲛⲉⲉⲧⲉⲛⲁⲟ ⲉⲣⲛⲟⲙⲓ (leer) ⲛⲟⲙ ⲉⲙⲉⲁ ⲁⲉⲛⲁⲓ ⲛⲟⲛ
ⲛⲛⲉⲟⲁⲓⲉ ⲁⲉⲛⲉⲁ

---

1. cw glaube ich in Resten zu sehen; jedenfalls fehlen nur zwei Zeichen.   2. 3. Auf
dem untersten Theil der Seite standen schon einzelne arabische Worte, die von einer früheren
Benutzung des Blattes herrühren. Der Schreiber hat die dazwischen liegenden freien Stellen
beschrieben, die Größen der Lücken sind daher nicht zu ermessen.   4. Anscheinend leer
gelassene Stelle inmitten der Zeile, von drei Zeichen Breite.   5. Desgleichen am
Zeilenende; es könnten aber allenfalls noch unter dieser letzten Zeile Worte gestanden haben.

Ⲑⲉⲱⲡⲓⲁ ⲛⲓⲙ ⲉⲧ ° ° ° ⲕⲁϩ ⲉ̈ⲉ̈ ⲉⲛϩ ϩⲣⲁⲓ ϩ ° ° ° ⲛⲉⲉ̇ⲧ ⲅ̇ⲁ̇ⲟⲥ ⲉⲣ ° ° ° ° ⲧⲟ̈ⲩ
ⲙⲓⲣⲏ ⲙⲏⲛ ° ° ° ° ϩⲓ̈ⲁ̇ⲟϥ ⲟ̈ⲅ̈ⲉ̈ⲛ|ⲉ̇|ϫⲓ .ⲙ.ⲁ|ⲧ̈ ⲉ̈ⲛⲁ̈ⲩ ⲉⲣⲟ̈ⲟϥ (leer) ° ° ° ° ⲧⲁⲙ⳽
ⲁ̈ⲅⲉⲧ̇

1. Anscheinend fehlt nichts.

*Denn er [nahm?] einen Becher Wein und gab ihn ihr [und legte?] seinen
Ring in ihn hinein[1] ...[2] [Sie] sagte zu ihm: »Wenn ich einen Becher Wein trinke,
der in deiner Hand ist, so demüthige ich mich vor dir«.*

*»Ich werde .... und ich spreche mit [dir?], o Salomo, du [Herr]
der Könige. Wenn ..... eine Königin[3] .... diesen Becher [Wein]
.... [ich] demüthige mich vor dir.«*

*»[Es ist eine] Säule in meinem Lande, o Salomo, du Herr der Könige. Wenn
du hinschickst und sie hierher bringst, so ist sie nützlich(?)[1] in(?) deinem Palast«[4].*

*»Versammelt euch zu mir, alle ihr Geister, die ihr unter der Macht[6] steht
.... die Säule.«* ... *der erste eilte und sagte[7]: ».... bis zum
Abend«.* Der zweite *...: »... sogleich«.* Die Geisterhälfte(?)[8] eilte ...
und sagte: *»Von dem Athem ...... an bis zu dem Athem[9] bringe [ich] dir
die Säule«.*

---

[1] Vergl. unten S. 30 Anm. 6 ⲁϥⲁⲁⲩ ⲉⲛⲟⲉⲩ ⲉ̇ⲅ̇ⲁⲟ̈ⲧⲟⲩ »er legte sie (die Werkzeuge) in
ein Tuch«, wo der starke Ausdruck für »herunter« noch anstößiger ist als an unserer Stelle.

[2] Mit dem ⲁ̇ⲥⲁ̇ⲃⲟ ... vermag ich nichts anzufangen, falls darin nicht etwa der Name
der Königin steckt.

[3] Hier können ganze Sätze fehlen.

[4] Man denkt an ⲡⲏⲓ̈ⲁ̇ⲩ, doch kommt die irrige Schreibung von ⲟ für korrektes ⲁ
sonst nicht vor. Das folgende ⲉⲓ- wohl für ⲉⲩ- (d. h. ϥ̄ⲧ-), vergl. S. 28 Anm. 2; 30 Anm. 12.

[5] Die hierhinter stehende Bemerkung gehört nicht zum Text.

[6] Lies »unter meiner Macht«; dies spricht Salomo, wie aus dem folgenden hervorgeht.

[7] Dieses ⲭⲉ für ⲉϥϫⲱ ⲙ̄ⲙⲟⲥ ⲭⲉ kenne ich bisher nur aus dem von mir veröffentlichten Zaubertext U. B. M. Kopt. 1, 2. Die Stelle ist auch inhaltlich der unseren merkwürdig
ähnlich. Hier wie dort müssen die verschiedenen Geister angeben, wie schnell sie den
Auftrag ausrichten wollen und hier wie dort ist der dritte der schnellste und geht so schnell
wie der Athem.

[8] So kann man ⲧⲓⲁ̇ϣⲓ ⲛ̄ⲧⲉⲙⲟⲛⲟⲩ unbedenklich übersetzen, aber diese Übersetzung
ist wohl kaum richtig. Denn »die dämonische Hälfte« wäre ein seltsamer Ausdruck für »die
Hälfte der Dämonen« und dann, was soll die »Hälfte der Geister« als dritter Theil zu dem
»ersten« Geist und zu dem »zweiten« Geist? Was man erwartet, ist, daß ein bestimmter
dritter Geist genannt wird. Und in der That ist ⲧⲓⲁ̇ϣⲓ nach dem folgenden ein bestimmtes
geflügeltes Wesen; vielleicht irgend ein Geistervogel.

[9] Hier fehlt wohl ein Genetiv. Der eben genannte Zaubertext läßt den Geist fortgehen
»im Athem deines Mundes«, und wiederkehren »im Athem deiner Nase«, als nähme er an,

Dann, als das Wort[1] (noch) im Munde Salomo's war, siehe, da kam die Geisterhälfte (?) und die Säule war auf ihrem Flügel und wandte sich hierhin und dorthin wie die ...? und die ....
Alle Wissenschaft, die [auf der] Erde ist, steht geschrieben auf der Säule, und das ... der Sonne und des [Mondes?] stehen auf ihr. Es ist ein Wunder, sie zu sehen[3].

Es sind das nur geringe Reste einer Erzählung, aber man kann doch nicht ohne Wahrscheinlichkeit ihren Inhalt errathen. Die Königin von Saba ist zu Salomo gekommen, und er bringt sie durch irgend eine List dazu, aus einem Becher zu trinken, in den er seinen Zauberring gelegt hat. Da demüthigt sie sich vor ihm und schenkt ihm eine Säule, auf der alle Weisheit geschrieben ist. Salomo sendet die schnellsten seiner Geister hin und sie bringen sie ihm.

Über die hinter dem dritten und dem letzten Abschnitt stehende Bemerkung

ⲙⲁⲛ ⲕⲁⲧⲁ ⲡⲓⲁⲟⲩⲁⲛ

 ⲧⲁ ⲙⲁⲩⲉⲓ

vergleiche unten S. 43.

III. Mährchen von Theodosius und Dionysius.

ⲡⲟⲩⲱⲣⲁⲙⲛⲉⲧⲟⲭⲟⲥ ⲟⲟⲟⲟⲟⲟ[1]

ⲝⲓⲛ[ⲁ]ⲟⲩⲱ ⲙⲁⲟⲥⲩⲁⲱ[ⲉ]ⲟⲥ ⲛⲉⲣⲣⲟ[2] ⲭⲉ- ⲛⲉϣⲃⲉⲣ ⲙⲉⲗⲟⲥ ⲉϫⲓⲛ[3] ⲟⲟⲟⲟⲟⲟ
ⲁ[ⲓ]ⲟⲩⲛⲛⲉⲟⲥ ⲡⲣⲟⲥⲛ ⲟⲟⲟⲟⲟ ⲉⲃⲉⲛⲉⲟⲥⲙ ⲁⲛⲁⲩ ⲉⲣⲁⲕ ⲭ ⲟⲟⲟ- ⲉⲣⲛⲟⲃϭⲩ ⲉⲧⲙⲉⲧ-
ⲙⲉⲧⲉ ⲟⲟ ⲟⲙⲛⲛⲟⲟ ϭ ⲉⲧⲣⲛϭ ⲟⲟ ⲛ✝ⲟⲟⲟ ⲙⲓⲧⲣⲁⲥⲟⲩ ⲛⲧⲁⲕⲛⲁⲩ ⲉⲣⲁ[ⲕ]ⲟⲟ ⲟⲓⲧⲉⲣ-
ⲕⲁⲥⲓⲁ ⲙⲛⲁⲛⲥⲧⲟⲃⲏ

1. Über der Seite in einer Umrahmung; vergl. S. 44. 2. Die Ergänzung durch den Schluß (S. 28) gesichert, doch ist der Raum für sie knapp. 3. Nicht exen. 4. Es wird zu lesen sein ⲉⲧⲉⲛⲙⲉⲧ(ⲙⲉⲧ)ⲣⲙⲙ.

dafs der Mensch abwechselnd mit Mund und Nase athme. Danach möchte man auch hier ergänzen: »von dem Athem [deines Mundes] an bis zu dem Athem [deiner Nase]«, d. h. zwischen zwei Athemzügen.
[1] Nämlich der Befehl, den er der ⲱⲁⲙⲓ geben will; ehe er ihn ausspricht, hat sie ihn vollbracht.
[2] Auch die ⲟⲁⲧⲉ sind nicht bekannt; wir können daher auch nicht beurtheilen, ob wir das ⲛⲟⲙⲧ richtig übersetzen.
[3] Was noch nach dem Zwischenraum folgte, gehört nicht zum Text.

Ⲡⲛⲉⲩⲟⲥⲩ ⲉⲛⲉⲓⲱⲧ ⲉⲧⲟⲩⲁⲁⲃ ⲁⲡⲁ ⲛⲉⲣⲟⲥ ⲛⲁⲣⲭⲏⲉⲡⲓⲥⲕⲟⲡⲟⲥ¹ ⲉⲱ ⲛⲓⲱⲧ ⲡⲓⲍⲉⲛ-ⲕⲟⲉⲧⲁⲛϯⲛⲟⲩⲅⲛⲱⲗⲓⲉ ⲉⲣⲉ-ⲛⲉⲣⲣⲱⲟⲩ ϩⲓⲛⲟⲧⲁⲍⲉⲥ ⲛⲁⲥ ⲁⲧⲉⲱⲟⲩⲣⲁ ⲉⲛⲥⲓ ⲛⲉⲛⲟⲅ ⲉⲧⲛⲱⲗⲓⲉ

¹²ₒₒₒₒₒ ⲧⲉⲛⲁⲧⲟⲥ ⲉⲧⲁⲩⲗⲛ ⲁⲙⲉⲣⲣⲟ ₒₒₒₒₒₒ ⲛⲛⲓⲱⲧ ⲁⲡⲁ ⲕⲩⲣⲟⲥ ⲛⲙⲁⲥ ⲉⲩⲍⲱ ⲙⲟⲥ ₒₒₒₒ ϩⲛ ⲉϩⲟⲩⲛ ⲉⲓⲗⲓⲡⲓⲃ|ⲟⲥ|ₒₒₒₒ ⲛⲁ ⲉⲣⲁⲓ ⲉⲛⲛⲟⲩϯ ⲁⲙⲉ ₒₒ ⲟⲛⲟⲩ|ⲉ|ⲣⲣⲟ ⲧⲉⲃⲁⲁⲛ¹ ⲙⲁⲛ ₒₒₒₒₒ ⲛ ⲛⲉⲥⲟⲟⲩ ⲁⲛⲛⲧⲟⲩ ₒₒₒ ⲛ|ⲉ|ⲍⲉ ⲛⲛⲟⲧⲁ ⲁⲡⲁ ⲕⲩⲣⲟⲥ ₒₒₒ ⲍⲉ ϣⲟⲣⲡ ⲉⲣⲁⲥⲧⲉ ⲛⲣⲓⲁⲛⲓ ϣⲁⲛⲉⲟⲟⲩⲣⲁ ⲧⲏⲣⲛ ⲉⲧⲉⲛⲕⲗⲉⲥⲓⲁ ⲧⲛⲛⲩϣⲗⲛⲗ ⲉⲛⲛⲟⲩϯ ϩⲁⲙⲉϩⲱϯ ⲉⲟⲩⲟⲛ¹ ⲣⲱⲙⲉ ⲉⲛⲁⲩ ⲛϩⲛⲛⲉ ⲛⲉⲣ|ⲛⲁⲥⲧ|ⲛⲉ ⲛⲧⲱⲙⲙⲁ ⲛⲧⲉ-ⲧⲉⲭⲟⲣⲁ ⲛⲕⲓⲁⲙⲉ ⲛⲣⲁⲛ ⲉⲟⲩⲁ ⲛϩⲛⲧⲟⲩ ⲛⲉ ⲟⲥⲥⲍⲱⲉⲓⲟⲥ ⲛⲣⲁⲛ ⲉⲛⲛⲉⲟⲩⲁ ⲛⲉ ⲍⲓⲱⲛⲛⲉⲓⲟⲥ¹ ¹³Ⲍⲟⲩⲍⲍⲱⲉⲓⲟⲥ ⲛⲁⲩ ⲉⲩⲣⲁⲥⲟⲩ ⲁϯⲍⲁⲍⲉ ⲛⲉⲃϣⲃⲉⲣ ⲍⲓⲱⲛⲛⲓⲟⲥ ⲛⲉⲛϣⲁⲃⲃⲟⲗ ⲉⲣⲁⲓ ⲛ̄ϯⲣⲁⲥⲟⲩ ϣⲁⲓⲉⲣ-ⲟⲩⲟⲣⲃⲍⲟⲙⲁⲉ ⲛⲉⲣⲩₒₒ ⲛⲉⲛⲁⲥ ⲉⲛⲉⲣϩⲟϯ ⲛⲁⲥ ⲁⲍⲉⲛ-ⲃⲉⲛⲛ ϩⲛⲧⲉⲣⲛⲁⲥⲓⲁ ⲁⲛⲛ|ⲁ|ⲛⲉⲧⲟⲃⲛ Mit kleiner Schrift: ⲧⲁⲗⲟⲥ ⲗⲉⲍⲓⲉ

Ⲡⲛⲁⲩ ⲉⲣⲁⲓ ϩⲛⲟⲩϩⲟⲣⲟⲙⲁ ⲉⲩⲍⲉ ⲉⲓϩⲛⲟⲩⲉⲱⲙⲉ ⲉⲟⲩⲁϩ ⲉⲃⲟⲗ ⲉⲣⲉ-ⲟⲩⲙⲛⲛϣⲉ ⲛⲉⲥⲟⲟⲩ ϣⲟⲟⲛ ⲉϩⲛⲧⲉ ⲁⲛⲥⲟⲉⲣⲓⲟⲛ ⲁⲛⲉⲧⲉⲣⲛⲁⲩⲉ ⲁⲛⲛⲁⲩ ⲉⲛⲉⲣⲱⲙⲉ ⲁⲛⲛⲁ ⲉⲧⲁⲛⲁⲩ ⲛⲁⲛⲛⲉⲟⲥⲉ|ⲣⲓⲟⲛ ⲁⲛⲉⲧⲉⲃⲛⲁⲩⲉ ⲛⲧⲁⲩⲉⲥ|ⲉ| ⲧⲏⲣⲟⲩ ⲁⲛⲁⲛⲧⲟ ⲉⲃⲟⲗ ⲁⲩⲡⲁⲣⲧⲟⲩ ⲁⲩⲛⲣⲟⲥⲉⲛⲩⲓ ⲁⲛⲁ ⲁⲛⲛⲁⲩ ⲉⲩϩⲓⲉⲛⲃ ⲉⲃⲟⲩⲟⲙ ⲉ¹⁴ⲣⲱϯ ⲛⲧⲁⲃ-ⲧⲱⲣⲉ ⲉⲙⲁⲓ ⲛⲟⲩⲛⲉϩ ⲉ|ⲟⲩ ₒₒⲥ| ⲁⲃϯ ⲛⲟⲩϣⲧⲓⲛ ₒ|ⲛ|ⲉⲟⲟⲩ ϩⲓⲍⲟⲓ ⲛⲟⲩⲉⲧⲱⲗⲓ ⲁⲛⲁⲟⲩⲁⲛ ⲉⲛⲛⲟⲩⲃ ⲁⲩϯ⁷ ⲛⲟⲩϩⲟⲩⲛⲗⲟⲛ ϩⲛⲧⲁⲍⲓⲍ ⲛⲃⲟⲩⲣ ⲁⲛⲟⲩⲥⲉⲃⲓⲥⲧⲛ ⲉⲧⲁⲍⲓⲍ ⲛⲟⲩⲛⲁⲙ ⲁⲃⲟⲁⲥⲟⲓ ϩⲓⲍⲛ-ⲟⲩⲟⲣⲟⲛⲟⲥ ⲁⲣⲟⲁⲛ ⲛ⁸ ϯⲉⲟⲟⲩ ⲛⲁⲓ ⲁⲃⲓ ϣⲁⲣⲟⲓ ⲛⲍⲓ-ⲟⲩⲣⲱⲙⲉ ⲛⲟⲩⲉⲥⲛ ⲁⲃϯ ⲛⲁⲓ ⲛⲟⲩⲁⲛⲛϣⲉ ⲛϣⲁϣⲧ ⲁⲛⲉϣϭⲙϭⲁⲙ ⲁⲙⲁⲣϯ ⲁⲙⲁⲩ ⲁⲩⲧⲁⲁⲩ ⲉⲛⲉⲛϭⲓⲍ ϯⲟⲛⲛⲉⲓⲟⲥ· ⲕⲁⲧⲁ ⲧⲣⲁⲥⲟⲩ ⲛⲧⲁⲃⲛⲁⲩ ⲉⲣⲟⲥ ⲁⲣⲓⲏ ⲁⲣⲉ⁹ϯ ⲟⲩⲟϣⲟⲛ ⲁⲁⲕ ⲛⲉⲣⲣⲟ ⲧⲉⲕϯ ⲛⲁⲓ ⲛⲉϣⲁϣⲧ ⲉⲛⲉⲕⲁⲱⲟⲩⲛⲃⲓ

¹⁵Ⲍⲟⲩⲍⲍⲱⲉⲓⲟⲥ ϣⲁⲍⲉ ⲛⲉⲙⲁⲥ ⲍⲉ-ⲧⲱⲟⲩⲛ ⲧⲉⲃⲟⲕ ⲧⲉⲛⲉⲣⲛⲁⲥⲓⲁ ⲍⲉⲛⲟⲩⲁⲥⲃ ⲁⲙⲁϯ ⲁⲛⲁ|ⲣⲁ|¹⁰ ⲛⲛ̄ⲣⲁ¹¹ ⲁϯⲟⲛⲛⲉⲓⲟⲥ ϣⲁⲍ|ⲉ ⲛⲉ|ⲙⲁⲥ ⲧⲱⲟⲩⲧⲉⲛⲃⲟⲕ¹² ⲉⲧⲉⲛⲉⲗⲓⲥⲁ(ⲥⲓⲁ)¹³ ⲧⲉⲛⲛⲁⲩ ⲉⲛⲉⲣⲣⲟ ⲛϣⲁⲩⲧⲁⲙⲉⲥ ϩⲓⲍⲟⲛ ⲧⲉⲣⲱⲙⲉ ⲛⲓⲙ ⲛⲣⲟⲥⲛⲩϣⲓ ⲁⲛⲁⲥ ⲁⲩⲧⲱⲟⲩⲛ ⲁⲩⲃⲱⲕ ⲉⲧⲉⲛⲕⲗⲉⲥⲓⲁ ⲁⲩⲁϩⲉⲣⲁⲧⲟⲩ ϩⲓⲁϩⲟⲩⲁⲛⲛϣⲉ· ⲉⲧⲉⲧⲁⲙⲉⲧⲟⲛⲃⲓ ⲉⲧⲟⲩϣⲟⲟⲛ ⲉϩⲛⲧⲉ ⲛⲧⲉⲣⲉ-ⲛⲛⲁⲩ ⲁⲛⲡⲣⲉϩⲁⲧⲓⲉ¹⁴ ϣⲱⲛⲉ ⲉⲥ ⲟⲩⲁⲧⲧⲟⲥ

1. Sic. 2. Verbessert aus ⲙⲁⲟⲛ. 3. Sic. 4. Es wird nur ⲟⲩⲉⲩ gestanden haben. 5. Hier endet wohl ein Abschnitt, der aber, weil er mit dem Ende der Seite zusammenfiel, nicht besonders bezeichnet ist. 6. Das ⲛ könnte nur noch ein ı sein. 7. Sic. 8. Lies ⲁⲙⲟⲩ-! 9. Nicht ⲁϥ. 10. Lies ⲛⲛ. 11. Oder Raum für zwei Zeichen, falls er wegen des Zeilenendes besonders eng geschrieben hatte. 12. Sic: zwischen den beiden ⲃ eine große Lücke, die den Abschnitt bezeichnet. 13. Sic. 14. Das Eingeklammerte gestrichen; vor der Verbesserung stand ⲥⲧⲉⲛⲉⲗⲓⲟⲁⲥⲓⲁ. 15. Sic. 16. Sic.

1*

ⲁⲃⲓ ⲉⲃⲟⲗ ϩⲛⲛⲉ' ⲉⲣⲉ-ⲟⲩⲕⲗⲁⲙ ⲛⲟⲙ ⲙ̅ⲙⲁⲣⲕⲁⲣⲓⲧⲏⲥ ⲙⲛⲟⲩⲥⲉⲣⲟϥ ⲉⲛⲟⲧⲃ ⲛⲟⲉⲫⲁⲥ ⲉⲣⲉ-ⲛⲙⲁⲉⲙ ⲉⲛⲉⲉϯⲟⲥ ϩⲓⲝⲟϥ 16|ⲉ|ⲣⲉ-ⲙⲁⲧⲧⲟⲥ ⲫⲱⲣⲓ ⲙⲁⲩ ⲉⲃⲉⲣ-ⲟⲩⲟⲉⲛ ⲉϩⲟⲩⲛⲣⲛ ⲉⲩ̅ⲙⲟⲩϯ ⲉⲛⲉϥⲣⲁⲛ ⲝⲉ̅ϩⲣⲁⲫⲁⲛⲗ ⲛⲁⲧⲉⲁⲗⲛⲓⲍ ⲉⲧⲙⲉϩ ⲛⲣⲁϣⲉ ⲛⲁⲣⲭⲁⲅⲅⲉⲗⲟⲥ ⲉⲩⲟⲩⲧⲁⲓⲟϥ ⲁϥⲧⲱⲣⲓ ⲟⲩⲟ̅ⲁⲱⲉⲓⲟⲥ ⲁϥⲟⲙⲥⲟϥ ϩⲓⲝⲙ-ⲛⲉⲟⲣⲟⲛⲟⲥ ⲁⲛⲗⲟⲥ ⲧⲏⲣ ⲟϣ ⲉⲃⲟⲗ ⲝⲉ-ⲕⲩⲣⲓⲉⲗⲉⲓⲥⲟⲛ ⲟⲩ̅ⲁⲱⲉⲓⲟⲥ ⲁϥⲉⲣⲣⲟ' Mit kleinerer Schrift ⲗⲉⲍⲓⲥ

Ⲛⲧⲉⲣⲉ-ⲟⲩ̅ⲁⲱⲉⲓⲟⲥ ⲉⲣⲉⲣⲣⲟ ⲁⲃⲉⲣⲛⲟⲃϣ ⲉⲝⲓⲱⲛⲛⲉⲓⲟⲥ ⲙⲛⲉϥⲉⲣⲛⲉϥ ⲛⲛⲉⲛ ⲉⲧⲃⲉ-ⲧⲙⲉⲧⲣⲙⲛⲛ ⲉⲧϩⲓⲝⲟϥ ⲛⲧⲉⲣⲉ-ⲛⲁⲝⲓⲟⲛ ⲉⲣⲁⲙⲛⲉ ⲉⲛⲛϯ ⲁⲁⲓⲱⲛⲛⲉⲓⲟⲥ ⲝⲓ-ⲛⲉⲛⲉⲩⲉ ⲉⲩⲉⲣⲣⲟϥ ⲉⲧⲙⲉⲧⲛⲁⲛⲉⲧⲟⲩⲟ̅ⲃ ⲁⲃ̅ⲧⲁⲗ ⲉⲛⲉⲉⲛⲧ ⲉⲩ̅ⲗⲉⲛ†ⲟⲛ ⲁⲃ̅ⲧⲁⲗⲁⲩ ϩⲓⲝⲛ-ⲧⲉⲃ̅ⲛⲁϥⲓⲥ 3

17 Ⲁⲃⲓ ⲉⲛⲣⲟ ⲙⲛⲁⲗⲗⲁ†ⲟⲛ ⲁϥⲙⲟⲩϯ ⲉⲩⲉⲓⲟⲩⲣ ⲛⲧⲉ-ⲛⲉⲣⲣⲟ ⲝⲉ-ⲝⲓ ⲛⲛⲁⲓ ϣⲁⲟⲩ̅ⲁⲱⲉⲓⲟⲥ ⲛϥ|ⲣⲣⲟ| ⲝⲟⲩⲙⲉⲥⲧⲏⲣⲓⲟⲛ ⲛⲧⲉⲛⲉⲣⲣ|ⲱⲟⲩ| ⲛⲁⲣⲭ̅ⲉⲟⲛ ⲛⲧⲉⲃ̅-ⲝⲓⲧⲟⲩ |ⲉ|ϩⲟⲩⲛ ϣⲁⲛⲉⲣⲣⲟ ⲁⲃ̅ϥⲟⲗ ⲉⲃⲟⲗ ⲉⲛⲗⲉⲛ†ⲟⲛ ⲁⲃ̅ϭⲙⲉⲉⲛⲉⲩⲉ ⲉⲩⲉⲣⲣⲟϥ ⲛⲟⲩⲧⲟⲩ ⲉⲣⲉ-ⲛⲉϥⲣⲁⲛ ⲙⲛⲛⲟ̅ⲃ ϩⲓⲝⲟⲟⲩ ⲁⲛⲉⲣⲣⲟ ⲧⲱⲟⲩⲛ ϩⲓⲝⲛ-ⲛⲉϥⲟⲣⲟⲛⲟⲥ ⲁⲃⲓ ϣⲁⲛⲉⲃϣⲃⲉⲉⲣ ⲉⲃ̅ⲝⲱ ⲙⲙⲁⲥ ⲝⲉ-ⲛⲱ ⲛ|ⲁ|ϥ ⲛⲁⲓⲟⲧ ⲉⲧⲟⲩⲁⲁⲃ ⲁⲃ̅ⲝⲓ|ⲧ|ϥ |ⲉϩ|ⲟϥ" ⲛⲉϥⲛⲣⲗⲁ†ⲟⲛ' ⲁⲧⲁⲣⲓⲥⲧⲁ ⲙⲩ=ⲉⲣⲛϥ

Ⲁⲣⲉⲱⲟⲩⲁⲅ ⲧⲏⲣⲟⲩ ⲉⲛⲥⲓ-ⲛⲉⲕⲗⲏⲣⲟⲥ ⲁϥⲉⲓ ϣⲁⲟⲩ̅ⲁⲱⲉⲓⲟⲥ 18|ⲛ|ⲉⲣⲣⲟ ⲁⲩⲱϣ ⲉⲃⲟⲗ ⲉⲩⲝⲱ ⲙⲟⲥ ⲝⲉ ⲉⲁⲃ̅ϯ ⲛⲁⲛ ⲛⲟⲩⲉⲛⲉⲕⲟⲛⲟⲥ' ⲝⲉ ⲁⲛⲛⲟⲧ |ⲁ|ⲛⲁ ⲕⲩⲣⲟⲥ ⲙⲟⲩ ⲁϥⲁⲙⲁϩ|ⲧ|' ⲛⲥ̅ⲝ ⲉ†ⲟⲛⲛⲉⲓⲟⲥ ⲁⲃⲁⲃ ⲛⲁⲣⲭ̅ⲛⲉⲛⲉⲕⲟⲛⲟⲥ ⲁⲃ̅-ⲩⲱⲛⲉ ⲛⲛⲟⲧ ⲉⲧⲉⲃⲉⲕⲕⲗⲉⲥⲓⲁ Mit kleiner Schrift: ⲧⲁⲗⲟⲥ

Ⲁⲛⲉⲧⲉⲛϩ ⲝⲱⲛ ⲃⲟⲗ ϩⲓⲝⲱⲟⲩ ⲝⲉ-ⲟⲩⲙⲉⲧⲉⲣⲣⲟ ⲟⲩⲙⲛⲧⲟⲩⲛⲛⲃ ϩⲓⲟⲩⲕⲁⲛ' ⲕⲁⲧⲁ ⲛⲉⲧⲉⲛϩ ϩⲙⲉⲕⲣⲁⲫⲏ ⲝⲙⲗⲟⲩ" ϣⲁⲟⲩⲅⲁⲟⲉⲓⲟⲥ ⲛⲉⲣⲣⲟ

---

1. Sic.   2. Lies ⲁϥⲉⲣⲣⲟ.   3. Der Abschnitt ist nicht besonders bezeichnet, da er mit dem Ende der Seite zusammenfällt.   4. Man möchte lesen ⲉϩⲟⲩⲛ c. doch stand hinter ⲟⲩⲛ wohl nichts mehr.   5. So korrigirt aus ⲛⲉϥⲁⲗⲗⲁ†ⲟⲛ.   6. Korrigirt aus ⲉⲙⲉⲣⲟⲛⲟⲥ.   7. Zu einem zweiten Buchstaben ist kaum Platz.   8. ⲉⲁⲛ als Korrektur eingefügt.   9. Sic.

Melde von mir dem Könige Theodosius: »Der Freund« ...... Dionysius verehrt dich und wünscht dich zu sehen, [denn ich habe nicht] unsere [Dürftig]keit vergessen und das [Gespräch], das zwischen (?) uns war², und den Traum, den du gesehen hast, sammt (?) der Ziegelarbeit.

---

¹ Was sich in dem folgenden Worte ⲙⲉⲗⲟⲥ verbirgt, vermag ich nicht zu errathen. Dieser erste Absatz ist wohl als ein Brief des Dionysius zu fassen, mit dem er dem Kaiser die folgende Geschichte ihrer Jugend übersendet.

² Ich lese ⲛ|ⲁ|ⲟ|ⲟⲟ|ⲉ ⲉ|ϩⲛⲉ|ⲛⲁⲛ|ⲛ†, wobei ϩⲛ- wieder für ϩⲛ- (d. h. ϩⲛ̅-) stände.

Zur Zeit unseres heiligen Vaters, des Erzbischofs Apa Kyros, der Vater war über Konstantinopel, indem die Könige ihm untergeben[1] waren, versammelten sich die Grofsen der Stadt. . . . . . .[2] in die Halle des Königs . . . . . . unser Vater Apa Kyros. [Sie verhandelten?] mit ihm und sagten: ». . . . . . Geistliche . . . . . . Gott, [wir haben?] keinen König [gefunden?], der uns weide; [wir sind wie] diese Schafe, wenn sie keinen [Hirten] haben«. Unser Vater Apa Kyros sagte [zu ihnen]: »Morgen früh, am Sonntag, versammeln wir uns alle in der Kirche und beten zu Gott für diese Sache«. Es waren zwei arme fremde Arbeitsleute vom Lande Aegypten, von denen einer Theodosius, der andere Dionysius hiefs. Theodosius sah einen Traum und sagte zu seinem Freund Dionysius: »wer mir diesen Traum deutet, dem will ich eine Woche Blut(?)-Arbeit[3] thun und ohne Lohn in der Ziegelarbeit für ihn arbeiten«.

Ich sah mich in einem Traumgesicht, als wäre ich auf einem . . . . . .[4] Felde und eine Menge Schafe waren auf ihm und Thiere und Vieh. Und ich sah, wie die Leute jenes Ortes und die Thiere und das Vieh alle vor mich kamen; sie warfen sich nieder und verehrten mich. Ich sah, wie ein saugendes Lamm mich mit . . . . . . Öl salbte; es legte mir ein Ehrenkleid an und(?) eine Stola von der Farbe des Goldes. Man gab eine Waffe (?) in meine linke Hand und einen . . . . . .[5] in meine rechte Hand. Es setzte mich auf einen Thron und alle Leute priesen mich. Ein strahlender Mann kam zu mir und gab mir eine Menge Schlüssel: ich konnte sie nicht fassen und gab sie in deine Hände. Dionysius.« — »Nach dem Traum, den du gesehen hast, will Gott vielleicht dich zum König machen und du giebst mir die Schlüssel deiner Speicher.«

Theodosius sprach zu ihm: »Stehe auf, dafs wir zu unserer Arbeit gehen, denn wir sind sehr, über die Mafsen müssig«. Dionysius sprach zu ihm: »Stehe auf, dafs wir zur Kirche gehen, dafs wir den König sehen, den man über uns setzt, dafs ihn alle Leute verehren«. Sie standen auf und gingen zur Kirche und stellten sich hinter [die] Menge wegen der Dürftigkeit, in der sie waren. Als die Zeit des Τρισάγιος kam, siehe, da kam ein Adler vom

---

Himmel, [in dessen Krallen?]¹ eine Krone von Steinen und Perlen war und ein Stab von Gold und Elfenbein(?)², auf dem das Zeichen des Kreuzes war. Der Adler trug sie, indem er mehr als die Sonne leuchtete; man nennt ihn Raphael, den mit der freudenvollen Posaune, den verehrungswürdigen Erzengel. Er riß den Theodosius fort und setzte ihn auf den Thron. Das ganze Volk schrie: Kyrie eleison. Theodosius ist König geworden.

Als Theodosius König wurde, vergaß er des Dionysius und [dachte]³ nicht wieder an ihn wegen der Dürftigkeit, die auf ihm lag. Als das Ende zweier Jahre [gekommen war]⁴, nahm Dionysius die Werkzeuge⁵, mit welchen sie die Ziegelarbeit verrichteten, und legte sie auf ein Leinen⁶ und nahm sie auf seinen Nacken.

Er ging zur Thür des Palastes und rief einem Eunuchen des Königs zu: »Nimm dies zu dem Könige Theodosius, denn es ist ein Geheimniß der alten Könige« und er nahm sie herein zum Könige. Er löst das Tuch auf und fand⁷ die Werkzeuge, mit denen sie arbeiteten, auf denen sein Name und der seinige⁸ stand. Der König stand auf seinem Throne auf und ging zu seinem Freunde und sagte zu ihm: »verzeih mir, mein heiliger Vater³«.

Er nahm ihn hinein in seinen Palast und sie frühstückten mit einander. Alle Geistlichen versammelten sich und gingen zum König Theodosius und riefen: »Verschaffe¹⁰ uns einen Bischof, denn unser Vater Apa Kyros ist gestorben«. Er faßte die Hände des Dionysius und machte ihn zum Erzbischof; er wurde Vater seiner Kirche.

Es erfüllte sich an ihnen¹¹, was geschrieben steht: »Königthum und Priesterthum zusammen« gemäß dem, was in¹² den Schriften steht. Melde von mir dem Könige Theodosius.

---

¹ Diese Worte hat der Schreiber irrig übergangen.

² Lies ⲉⲛⲁϩ̅ⲥ?

³ Hinter ⲛⲉϥ ist wohl ⲙⲉⲉⲩⲉ ausgelassen.

⁴ Der Schreiber hat ϣⲱⲡⲉ übergangen.

⁵ ⲥⲕⲉⲩⲟⲥ. Dies Lieblingswort der Kopten heißt hier ⲉⲛⲉⲩⲉ.

⁶ Über das ⲉⲩⲉⲛⲧ siehe oben S. 25 Anm. 1. Gemeint ist, daß er sie in das Tuch einwickelt, wie aus dem Folgenden erhellt.

⁷ In ⲁⲉϥⲓⲛⲉⲉⲛⲉⲩⲉ hat man ⲁ̅ϥⲟⲩⲛ-ⲛⲉⲉⲛⲉⲩⲉ zu erblicken; ebenso schreibt die Handschrift in einem Liede (unten S. 35) ⲁⲓϯⲟⲩⲱⲛⲟⲟⲥ.

⁸ D. h. natürlich: der des Dionysius.

⁹ Man darf aus dieser Anrede schwerlich folgern, daß diese Ziegelarbeiter Mönche oder Geistliche sind; sie ist wohl zum Höflichkeitsausdruck geworden. Vergl. oben S. 15 Anm. 4.

¹⁰ Wörtlich »bereite«.

¹¹ Über die Übersetzung dieser Formel vergleiche das unten S. 32 Anm. 2 Bemerkte.

¹² Wieder ϧⲓ- für ϩⲛ-.

Daſs unser Mährchen aegyptischen Ursprungs ist, zeigt schon die Angabe über die Herkunft der beiden Leute; daſs es aus einer Zeit stammt,
in der das Band zwischen Aegypten und Konstantinopel längst zerschnitten
war, zeigt seine naive Vorstellung von den dortigen Verhältnissen. Trotzdem enthält es eine historische Reminiscenz, denn (ich verdanke das
Folgende der freundlichen Mittheilung Harnack's) es hat wirklich in
Konstantinopel einen Patriarchen Kyros gegeben und zwar im Anfang des
8. Jahrhunderts (etwa 705—712). Und ungefähr in die gleiche Zeit fällt
auch ein Kaiser Theodosius (Th. III. 716—717). Dagegen ist der Patriarch
Dionysius freie Erfindung, denn der einzige Patriarch dieses Namens lebte
gegen Ende des 15. Jahrhunderts, ist also gewiſs jünger als unsere Handschrift.

Über die Bemerkungen, die auch in diesem Text am Ende der einzelnen Abschnitte stehen, siehe unten S. 42.

IV. Lieder aus dem Schmidt'schen Bruchstück.

Die Enden der Verszeilen sind hier nur durch gröſsere Zwischenräume
bezeichnet; die Strophen sind durch Striche getrennt.

a.

⁸ ⲛⲟⲩⲱϧⲙⲉⲧⲟⲭⲟⲥ ϯⲛⲁ'
ⲋⲓⲟⲩⲉϣ-ⲟⲩⲣⲱⲙⲓ ⲛⲁⲧⲙⲟⲩ ϣⲁⲉⲛⲉϧ
ⲧⲁϫⲱ ⲉⲣⲁϥ ⲉⲛⲁⲙ·ⲕⲁϧ' ⲉϧⲏⲧ
ⲉϣϣⲁⲛⲙⲟⲩ ⲧⲉϥϣⲩⲗⲓⲗ ϧⲓϫⲟⲓ
ⲛⲉϫⲉ-ⲛⲁⲛⲗⲁⲥ ⲉⲛⲟⲩ̅ϧ ⲓⲱ̅
ϫⲉ-ⲣⲟⲙⲉ ⲙⲙ ⲉⲧ ⲟⲓ ⲝ.ⲙ-ⲛⲕⲁϧ
ϣⲁⲣⲉ-ⲛⲉⲧⲉⲛϧⲟ ϫ ⲱⲕ ⲉⲃⲟⲗ ϧⲣ ⲁ ⲟ ⲟⲩ
ⲝⲓⲧⲛ ⲧⲏⲣⲛ
ⲧⲉⲙⲁ ⲙⲙⲟⲩⲧⲉ
ⲛⲁⲃⲉ ⲡⲣⲁϥ̈'

1. Steht als Überschrift der Seite in einer Umrahmung.   2. Der Punkt zwischen
ⲙ und ⲕ, als solle man *pam kah* trennen.   3. ⲛ Korrektur.

Ich suche¹ einen Mann, der niemals stirbt,
daſs ich ihm meinen Kummer sage,

¹ ⲟⲩⲟϣ hier gebraucht wie das alte *ⲉϥⲧ*, auf das es ja nach STERNDORFF's Bemerkung
auch zurückgeht.

wenn ich sterbe[1], dafs er für mich bete.
Johannes mit der goldenen Zunge sprach:
Alle Menschen, die auf Erden sind,
was geschrieben steht, erfüllt sich an[2] ihnen.
[Der Tod?] nimmt uns alle
[nach dem Willen?] Gottes,
... Sünde ... gegen (?) ihn[3].

b.

19 Blatt, das als Titel des folgenden Theiles der Handschrift dienen
sollte. Zwischen Linien:

ⲉⲣⲛ ϩⲙⲙⲟⲩⲧⲉ[1]: ⲙⲙⲟⲣⲏ: ⲛϩⲱⲃ
ⲙⲙ: (ⲁⲛⲟⲕ: ϩⲟⲩⲙⲓⲥⲓ: ⲡ̄ ⲛ̄ⲛ̄ · ⲁⲁ ⳿⳿ ⲁ ⳿)[2]
ⲡ̄ⲟ̄ⲥ̄ ⲉⲙⲟⲩ ⲉⲣⲁⲥ: ϩⲁⲙⲏⲛ ⲉⲥϣⲟⲡⲉ[3]

*Mit Gott. Im [Namen] Gottes zuvor. Ich Humisi, der Sohn des Apa David.
Der Herr segne ihn. Amen, so sei es.*

Darunter als Anfang eines Liedes:

ⲁⲩⲝⲓⲧ ⲉⲝⲛ-ⲟⲩⲧⲟⲩ[1] ⲉⲥⲭⲟⲥ[ⲉ]

Sie führten mich auf einen hohen Berg ...

1. Sie.   2. Das Eingeklammerte hat ein späterer Besitzer des Buches getilgt.
3. Sie.   4. Sie.

c.

20 Als Überschrift der Seite in einer Umrahmung:

[ⲛ]ⲟⲩⲱ[ϩⲙ]: ⲉⲧⲟ: ⲭⲟⲥ ⲛⲛⲟϭ
ⲟⲩⲙⲉ[ⲧ]ϣⲃⲉⲉⲣ ⲁⲛ[1] ⲛⲉ ⲟⲩⲱⲙ ϩⲓⲱ
ⲁⲗⲗⲁ ⲧⲙⲉⲧϣⲃⲉⲉⲣ ⲛⲁⲛⲟⲩⲉ ⲧⲉ ⲧⲁⲓ

1. Der Schreiber trennt ⲟⲩⲙⲉⲧⲛ ⲉⲉⲣⲁⲛ ⲛⲉⲟⲩⲱⲙ, was vielleicht nicht zufällig ist.

[1] Man wird diesen Satz mit dem folgenden verbinden wollen (»dafs er bei meinem
Tode für mich bete«), aber ist das grammatisch möglich?
[2] So wird man ϭⲓⲥ̄ⲛ̄- hier und oben S. 30 Anm. 11 doch wohl übersetzen müssen, ob-
gleich ich es sonst so nicht belegen kann. Doch steht im Bohairischen Matth. 13, 14 ⲉⲥⲉⲝⲟⲕ
ⲉⲃⲟⲗ ⲉⲝⲱⲟⲩ ⲛⲝⲉ ⲧⲡⲣⲟⲫⲏⲧⲓⲁ ⲛⲏⲥⲁⲛⲉ »es wird für sie die Prophezeiung des Jesaias
erfüllt werden«, wo ⲉⲝⲛ̄- wenigstens ähnlich gebraucht ist.
[3] Verbessert in »uns«.

ⲉⲣϣⲁⲛ-ⲛⲉⲕⲙⲃⲉⲣ ⲟⲩⲟⲩⲛⲁⲣⲁⲛⲧⲟⲙⲁ
ⲧⲉⲕ†-ⲧⲉⲕⲙⲣ̄ⲭⲓ ⲛⲉⲱ† ⲟⲁⲧⲟⲉϥ'
Ⲛⲉⲩⲃⲉⲉⲣ ⲛⲁⲁⲁⲙ-ⲧⲉ² ⲛⲉⲭⲣ̄ⲥ
ⲙⲛⲁⲩ ⲥⲧⲁϥⲟⲩⲓⲟ³ⲧⲉⲃⲛⲁⲣⲁⲃⲁⲥⲓⲉ
ⲁϥ†ⲛⲉⲉϥⲥⲱⲙⲁ ⲙⲛ-ⲛⲉϥⲉⲛⲟⲉϥ ⲟⲁⲣⲟⲉϥ
ϣⲁⲛⲧⲉⲃⲉⲧⲁϥ ⲉⲧⲉϥⲁⲣ̄ⲭⲓ ⲛⲕⲉⲥⲟⲛ

1. Sic. 2. Sic. 3. Sic.

Freundschaft ist nicht Essen und Trinken,
sondern die gute[1] Freundschaft ist diese:
wenn dein Freund in Sünde ist[2],
und du giebst deine erlösende Seele[3] für ihn.

Der Freund Adam's ist Christus
als er[4] in seiner Übertretung fiel(?).
Er gab seinen Leib und sein Blut für ihn,
bis er ihn aufs neue in seine Herrschaft zurückführte[5].

Man möchte fast vermuthen, die erste Zeile wende sich gegen ein
bekanntes weltliches Lied, das die Freundschaft im Essen und Trinken
suchte.

d.

ⲁⲗⲗⲁⲥ
Ⲟⲩⲁ ⲉⲃⲟⲗ ⲧⲟⲛ ⲡⲉ ⲡⲓⲣⲱⲙⲉ ⲛⲟⲩⲟⲉⲓⲛ
ⲛⲧⲁϥⲉⲣ-ⲛϭⲁⲙ ⲟⲛⲛⲁⲣⲓⲥⲧⲟⲛ
ⲟⲩⲁ ⲉⲃ[ⲟⲗ] ..... ⲙ'
21—22 fehlen.

23 .... ⲟⲛⲧⲛⲁⲗⲓⲗⲁⲓⲁ

1. ⲙ steht unter der letzten Zeile der Seite und ist wohl bedeutungslos.

---

¹ Man möchte zunächst ⲉⲙⲁⲛⲟⲩⲉ herstellen, es wird aber dem Sprachgebrauch dieser
Texte entsprechend das participiale ⲉⲩⲁⲛⲟⲩⲉ sein.
² Man kann sagen ⲉⲣⲛⲉⲩϣⲟ. ⲟⲛⲟⲩⲛ. »dein Freund ist in Sünde« ohne ein anderes
Verb des Seins als ⲉⲡⲉ, aber kann man nun wirklich in diesen Satz noch ⲩⲁⲛ einschieben?
Muss da nicht ⲙⲟⲟⲛ zugefügt werden?
³ Man erwartet »du giebst deine Seele zur Erlösung«, doch darf man schwerlich so
übersetzen.
⁴ Das ⲙⲛⲁⲩ hier und S. 41 steht nach dem S. 55 Bemerkten für ⲙⲛⲛⲁⲩ »zur Zeit
(wo)«; vielleicht ist herzustellen ⲙⲛⲁⲩ ⲉⲧⲁϥⲟⲛ ⲟⲣⲓⲉⲃⲛ.
⁵ Über ⲉⲧⲟ vergl. das oben S. 15 Anm. 1 Bemerkte.

ⲉϥϫⲉⲛ ⲛⲕⲉⲛⲟⲥ ⲉⲧⲁⲩⲉⲓⲁ
ⲟⲩⲁ ⲉⲃⲟⲗ ⲧⲟⲛ ⲡⲉ ⲛⲓⲙⲁⲟⲛⲧⲏⲥ
ⲛⲁⲓ ⲛ̄ⲧⲁϥⲉⲁⲛⲧⲟⲩ [ⲉ]ⲟⲩⲁϩⲟⲩ ⲛⲥⲱϥ
ⲁⲉⲣ'-ⲛ̄ⲥⲁ ⲛ̄ⲧⲉⲛ[ⲓ]ⲑⲉⲙⲓⲁ
ⲙ̄ⲛ̄ⲧⲉⲭⲁⲣⲓⲥ ⲉⲧ∷∷∷ ⲉⲣⲁⲩ
ⲁⲣⲛⲩ ⲛⲉⲥⲁϩ ⲛⲉϥϯⲉϩⲱ ⲛⲁⲩ
ϣⲁⲛⲧⲉϥⲧⲥⲁⲃⲁⲩ ⲉⲛⲉⲃⲙⲉⲧⲥⲁⲃⲛ
ⲧⲉⲥⲝⲓⲧϳⲟ|ⲩ ⲉϩⲟⲩⲛ ⲉⲛⲉⲁⲣⲓⲥⲧⲟⲛ
ⲧ∘ⲩⲉⲣϣⲁ ϩⲓⲧⲉⲃⲙⲉⲧⲉⲣⲡⲟ

1. Sic. Siehe die Bemerkungen S. 59.

Von wo[1] ist dieser strahlende Mann,
der die Wunder bei diesem Mahle gethan hat?
von wo ist dieser . . . . . .
[Es fehlen 20–30 Verszeilen.]
. . . . . . in Galilaea,
er wird zum Geschlechte David's gezählt[2].

Von wo[3] sind diese Jünger,
die er erwählt hat, um ihm zu folgen?
sie (?) . . . die Seite (?) der Begierde
und der Gnade, die sie . . . . . .
Vielleicht ist es der Meister, der[4] sie unterrichtet,
bis er sie seine Weisheit lehrt
und sie hinein zum Mahle nimmt,
daß sie das Fest in seinem Königreich feiern.

e.

In einer Umrahmung (inmitten der Seite):

ⲡⲟⲩⲱ ϩⲙ ⲉⲧⲟ ⲭ∘ⲥ̄ ⲛⲛⲟϭ

_____   _ _ _ _ ▬

[1] Eigentlich: »Einer von wo«, man erwartet dafür ⲟⲩⲉⲃⲟⲗ ⲧⲱⲛ, aber vergl. Stern, Gramm. § 264.

[2] Was der Schreiber geschrieben hat, heißt »er zählt das Geschlecht«, was er meint, ist aber wohl ⲉϥⲏⲛ ⲉⲛⲉⲛⲟⲥ.

[3] Daß hier der Gleichheit der Versanfänge zu Liebe »Einer von wo sind diese Jünger« steht, ist seltsam.

[4] Für ⲛⲉⲣϯⲉϩⲱ, wie oben S. 7 ⲁⲣⲉⲁϥⲣⲁⲣⲓⲥ.

Dann:

ⲁⲩⲣⲱⲙⲉ ⲉⲣⲟⲩⲛⲁⲃⲓ ⲁⲩⲙⲏⲏϣⲉ ⲙⲟⲩ
ⲁⲛⲉⲟⲩⲁ ⲧⲉⲃⲁⲃ ⲁⲩⲙⲏⲏϣⲉ ⲱⲛⲁϧ
ⲟⲟⲩⲁⲗⲓⲟⲥ[1] ⲉⲧⲟⲟⲉⲃⲉⲣⲛⲁⲃⲓ
ⲟⲟ ⲅⲛⲱⲗⲁⲍⲉ ⲟⲟⲁϥ [24]ⲉⲛⲁⲧⲉϭⲙⲟⲩ

1. An dem ersten ⲁ ist korrigirt; die Spuren, die von den ersten Buchstaben noch sichtbar sind, verbieten nicht ⲫⲁⲣⲓⲥⲁⲓⲟⲥ zu lesen.

Ein Mensch sündigte und eine Menge starb,
ein anderer reinigte ihn und eine Menge lebte.
. . . . . . [Pharisäer?] . . . . . . er sündigt,
[sie?] züchtigen ihn, ehe er stirbt.

Wie in dem Liede e, sind sich Adam und Christus gegenübergestellt.

f.

ⲁⲓⲉⲓ ⲉⲙⲟⲟϣⲉ ϩⲓⲧⲉϩⲓⲏ
ⲁⲓϭⲓⲛⲟⲩⲛⲟⲟⲥ ⲉϥⲙⲏⲣ ⲟⲟⲙⲟⲟⲩⲧ
ⲁⲓⲃⲁⲗ ⲉⲃⲟⲗ ⲁⲩϫⲛⲁⲓ ⲛⲁⲓ
ⲁⲓⲉⲓ ϣⲁⲣⲁⲕ ⲡⲁⲓⲱⲧ ⲉⲧⲟⲩⲁⲁⲃ
ⲧⲉⲓⲃⲟⲗ ⲉⲣⲁⲕ ϩⲓⲧⲉⲕⲥⲟⲫⲓⲁ

Ich ging, um zu wandeln, auf dem Wege
und fand eine Leiche[1], gebunden und todt.
Ich löste [sie][2] und sie sagte mir diescs:
»ich bin zu dir gekommen, mein heiliger Vater,
dafs du mich(?) lösest in(?) deiner Weisheit«.

So dunkel dies klingt, so läfst sich der Sinn doch errathen, wenn man sich erinnert, dafs ja auch sonst in koptischen Legenden der Heilige eine Leiche findet und durch ihren Anblick zur richtigen Schätzung der Welt geführt wird[3]. So trifft er auch hier eine Leiche, und als er sie von ihren

---

[1] Der ⲕⲟⲟⲥ ist eine bestattete Leiche, z. B. eine Mumie. Danach möchte man auch ⲙⲏⲣ als »eingewickelt« fassen, aber kann ⲙⲟⲩⲣ das bedeuten?

[2] Da hier nicht die absolute Form ⲃⲟⲗ (= ⲃⲟⲗ), sondern die Suffixform ⲃⲁⲗϥ (= ⲃⲟⲗϥ) steht, so mufs man wohl ⲃⲁⲗϥ herstellen.

[3] Geschichte des Archellites (Wüstenfeld, Synaxarium S. 237), des Schenute (ebenda S. 172), des Gesius und Isidorus (ÄZ. 1883, S. 141) und gewifs auch sonst.

Binden »löst«, mag sie etwa zu ihm sagen, er solle lieber das Räthsel des
Todes »lösen« -- ⲃⲱⲗ heisst ja auch erklären.

g.

ⲁⲗⲗⲟⲥ
Ⲟⲅⲩϣⲏⲛ ⲉϥϫⲟⲥⲉ ⲉϥⲱ ⲛⲏ ⲟ̅ ⲉⲧⲁⲣ¹
ⲉϥⲥⲟⲛⲧ ⲉⲙⲁϯ ϩⲏⲛⲉⲓ ⲏⲡⲉⲣⲣⲟ²
ⲁϥⲟⲛ ⲉⲡⲕⲁϩ ⲛⲟⲩⲉ[ⲁ]ⲡ ⲛⲟⲩⲱⲧ
ⲁⲛⲉϥⲕⲁⲣⲡⲟⲥ ⲃⲟⲛ ⲉⲛⲧⲁⲕⲁ

ⲟⲩⲫⲓⲁⲗⲓⲥ ϩⲛⲧⲥⲓⲍ ⲉⲛⲉⲣⲣⲟ
ⲉϥⲥⲱ ⲙⲛⲉϥⲉⲣⲡ ⲉⲃⲟⲗ

1. Den anscheinenden Rest des ⲛ und den horizontalen Strich über dem Worte würde
man zu einem ♂ verbinden, wenn nur der Schreiber den Strich seines ♂ sonst nicht immer
steil in die Höhe richtete.   2. ⲛ ist wahrscheinlicher als ⲙ.

Ein hoher Baum, der . . . . . .¹ war,
der sehr geschätzt² war im Hause des Königs,
er fiel mit einem Male zur Erde
und seine Früchte gingen zum Verderben.

Eine Schale, die in der Hand des Königs war,
aus [der] er seinen Wein trank . . . . . .

V. Lieder aus einem Bruchstück der Berliner Sammlung.

Ein Doppelblatt mit 4 Seiten im Format von 18ᶜᵐ Höhe × 13ᶜᵐ5 Breite.
In das Königl. Museum 1804 mit der Sammlung Mosse gelangt, heute P 8127.

Seite 1 und 2 enthalten Lieder von Salomo und Elias; Seite 3 und 4
Marienlieder; zwischen Seite 2 und 3 können die inneren Blätter der Lage
fehlen.

Man könnte sich fragen, ob dieses Bruchstück nicht zu derselben Handschrift gehöre wie die Blätter in Dr. Schmidt's Besitz, doch ist die Sprache
(oder vielleicht richtiger die Orthographie) eine andere: unser Bruchstück
bezeichnet das alte kurze ŏ stets mit ⲁ, jenes ist darin schwankend.

¹ Bei dem ⲧⲁⲣ hat man vielleicht an ⲧⲁⲡ »Spitze« zu denken.
² Eigentlich: »auserlesen«.

Daß auch diese Texte Lieder sind, zeigt das ноүпо̄ремстоⲭⲭес über Seite 3: die Enden der Verszeilen sind theils durch Punkte und Doppelpunkte, theils nur durch Zwischenräume bezeichnet. Diese letzteren sind nicht immer mit Sicherheit von zufälligen Zwischenräumen zu unterscheiden und diese Lieder sind daher mit Vorsicht zu benutzen.

a.

¹ⲧⲁⲗⲁⲥ¹
ⲡⲓⲉⲣⲁ ⲉⲧⲣⲙⲁⲁⲥ ⲟⲣⲝⲉⲛ-ⲡⲉϩⲟⲣⲱⲛⲟⲥ.
ⲉⲃ̄Ⳬⲣⲁⲛ ⲕⲁⲗⲱⲥ.
ⲟⲉⲛ-ⲟⲩⲥⲁⲩⲧⲉⲛ
ⲉⲣⲉⲛⲛⲁⲝⲁⲩ² ⲟⲉⲛⲉⲃ̄ⲛⲓ
ⲛⲁⲓ ⲛⲉ ⲉⲱⲗⲟⲙⲱⲛ ⲡϣⲏⲣⲉ ⲛⲁⲁⲩⲉⲓⲁ
ⲉⲣⲉⲛⲁⲉⲙⲟⲛⲛⲟⲛ ⲟⲉⲙⲛⲉⲃ̄ⲉⲓ³   ⲟⲩⲉⲣⲓⲕⲟ⁴

<small>1. Klein oben am Rand.   2. Sic.   3. ⲙ aus ⲛ korrigirt.   4. Mit kleinerer Schrift.</small>

Dieser König, der auf seinem Throne sitzt
und schön richtet,
mit Billigkeit,
während diese ....¹ in seinem Hause sind.
Dies ist Salomo, der Sohn David's,
während die Geister in seinem Hause sind.

Das davorstehende ⲧⲁⲗⲁⲥ (s. unten S. 42) macht es wahrscheinlich, daß dies nur ein Abschnitt, nicht ein am Anfang vollständiges Stück ist. Vergleicht man es aber mit dem folgenden, so möchte man glauben, daß auf das »dies ist Salomo« eigentlich noch eine längere Ausführung, das eigentliche Gedicht, folgen sollte. Salomo mit seinen Geistern deutet auf ein volksthümliches, nicht kirchliches Lied.

b.

ⲡⲉⲝⲁⲁⲃ̄ ⲛϭⲓ-ⲡⲛⲁϭ ⲉⲉⲁⲟ ⲱⲟϩⲁⲛⲛⲉ
ⲝⲉ-ⲡⲓⲉⲣⲏⲁⲧⲉⲥ ⲉⲃ̄ⲉⲣⲟⲱⲃ̄ ⲕⲁⲗⲱⲥ
ⲉⲣⲉⲡⲉⲥⲡⲟ̄ⲥ̄ ⲙⲓ .ⲙⲁⲥⲩ
ⲛⲧⲁⲃ̄ⲉⳫ ⲛⲟⲩⲛⲱⲗⲓⲥ
ⲁⲩⲧⲁⲙⲥⲩ ⲟⲣⲝⲱⲥ

_____

¹ Die einfachste Deutung des räthselhaften ⲁⲝⲁⲩ ist noch ⲁⲧⲩⲩⲁⲩ »nutzlos«.

ⲁⲛⲉⲓϣⲟⲃ ϣⲟⲙ ϩⲓⲍⲉⲛ-ⲛⲉⲃⲥⲩⲍ
ⲡⲁⲓ ⲛ[ⲉ ϩ]ⲉⲗⲓⲁⲥ ⲛⲉⲛⲣⲟϥⲓⲧⲧⲉ
ⲛⲁⲃⲉ ·· ⲛⲉⲁⲡⲩⲃⲓ [ⲛⲣⲁⲙⲓⲛ ⲛⲟⲓⲃⲟⲟ[ⲛ]
·· ⲕⲁⲛⲉⲩⲉⲛ ···
ⲁⲃⲥⲟⲧ ··· ⲛⲉⲁ ⲛⲉ · ·· ⲛⲟⲩ-ⲙⲟⲩⲧⲉ
ⲛ+ⲙⲟⲩⲣⲩ[ⲱⲉ]
ⲁⲃⲉⲣⲧ[ⲛ]ⲉ ⲛⲣⲁⲙⲉⲧ,
ⲁⲃⲉⲣⲙⲕⲁϩ ⲙⲛⲉⲛ[ⲓⲡ]ⲉ
ⲟ ⲛⲡⲉⲕⲉⲧ'ⲧⲉ ⲙⲟⲙϩⲱⲩ ϩⲉ ·······
ϣⲁⲙⲧⲉ ⲛⲣⲁⲙⲛⲉ ⲙⲉⲉⲁ[ⲩ ⲛⲉⲃⲁⲧ]
···· ·ⲙⲉⲧ ·ⲙⲉⲧ· ·········ϩ ⲛⲁϩ
2ⲉⲧⲉ'ⲉⲧⲁⲩϣⲉ ⲛⲛⲁⲛⲁⲃⲓ ⲉⲩⲓⲡ[ⲉ] ⲙⲁⲩ
ⲁⲛⲛⲟⲩⲧⲉ ⲛⲁ ⲛⲡⲉϩⲉⲗⲓⲁⲥ ⲛⲁ
ⲁⲃⲛⲁⲩϣ ⲛⲉⲭⲣⲟⲛⲟⲥ,
ϩⲓⲍⲱⲃ ⲛⲉⲙⲁⲃ
ⲁⲃⲥⲁⲛ ϣⲁⲙⲧⲉ ⲛⲣⲁⲙⲛ ⲙⲉⲉⲁⲩ ⲛⲉⲃⲁⲧ
ⲁⲃ+ ⲛⲁⲃ ⲛϣⲁⲙⲧⲉ ⲛⲣⲁⲙⲛⲉ' ⲙⲉⲉⲁⲩ ⲛⲉⲃⲁⲧ
ⲁⲃⲟⲗ' ⲧⲛⲉ ⲉⲃⲁⲗ° ⲉⲥⲱ ⲛϩⲁⲙⲉⲧ,
ⲙⲉⲛⲛⲕⲁϩ ⲉⲃⲱ ⲛⲉⲛⲛ7
ⲁⲉⲓϣⲟⲩⲁ ⲙⲱⲧⲉ ⲉⲡⲉⲥⲉⲧ
ϩⲓⲙⲉⲛϩ··· ⲩ ⲧⲁⲗⲟⲉ

ⲁⲙⲕⲁϩ ⲉⲩⲧⲁⲃ ⲁⲃ+ⲉⲁⲣⲙⲱⲉ
ⲁⲛⲉϣⲙⲛ ⲣⲟⲩ' ··· +ⲛⲉⲩⲧ[ⲁ]ⲣⲙⲱⲉ,
ⲁⲛⲣ[ⲱ]ⲙⲉ ⲱⲛⲁϩ ·· ⲉ°ⲛⲉⲥⲧⲉⲃⲛ[ⲁⲩ]ⲉⲓ
··· +-ⲉⲁⲁⲩ ⲉⲛⲟⲉ

1. ⲓ als Korrektur.   2. Klein über der Zeile.   3. Korrigirt aus ⲉⲉⲉ, ⲉⲉⲟ.
4. Vielleicht ist hier eine Trennung.   5. Allenfalls auch ⲁⲗ.   6. Vielleicht Trennung.
7. Sic.   8. Zwischen ⲱ und ⲩ ist kaum für ⲟ Platz; es wird trotz der Größe der Lücke wohl ⲡⲟⲩ'ⲃ ⲁⲩ+ zu lesen sein.   9. Wohl nur ⲙⲉ-.

Der große Meister Johannes sagte:
Dieser Arbeiter, der schön arbeitete,
und den sein Herr liebte,
er forderte eine Stadt[1].

---

[1] So als ⲛⲧⲁⲓϥⲁⲓⲧⲉⲓ kann man jedenfalls die Stelle auffassen; aber vielleicht versteckt sich ganz Anderes darin.

Er wurde über sie gesetzt,
ihre Verwüstung geschah auf seinen Händen[1].
Dies ist Elias der Prophet
. . . . sieben Jahre Hungersnoth
. . . .
Es hörte auf das, was [er sagte]
Gott der Schöpfer.
Er machte den Himmel aus Erz,
er machte die Erde aus Eisen
. . . . . . weder Thau [noch] Regen (?)[2]
. . . . drei Jahre und sechs Monate
. . . . . . die Erde
. . . . . . der Menge der Sünden[3], die sie thun.
Gott hatte Erbarmen, Elias hatte kein Erbarmen.
Er theilte die Zeit zwischen sich und ihm,
er nahm (sich) drei Jahre und sechs Monate
und gab ihm drei Jahre und sechs Monate.
Er nahm den Himmel fort, der aus Erz war,
und die Erde, die von Eisen war,
er träufelte Thau hernieder und Regen.

Die Erde aber trug Frucht,
die Bäume wuchsen [und] trugen ihre Frucht.
Die Menschen lebten mit ihrem Vieh
[und sie] priesen den Herrn.

Man hat also etwa folgenden Inhalt. Der zornige Elias bittet Gott über eine sündige Stadt eine siebenjährige Dürre zu verhängen und Gott macht den Himmel strahlend wie Erz und die Erde hart wie Eisen. Als die Hälfte der sieben Jahre verstrichen ist, hat Elias noch kein Erbarmen, denn die Menschen sündigen noch. Gott aber erläßt ihnen die ihm zustehende Hälfte der Strafzeit und läßt wieder regnen. — Auch dieses Lied, das Elias und Jonas zu vermischen scheint, möchte man nicht für kirchlich halten, trotzdem es ebenso wie das

---

[1] Wohl irgend eine Redensart.
[2] Ich verbessere ⲟⲩⲧⲉ ⲙⲟⲥⲉ ⲟⲩⲧⲉ ⲙⲟⲩⲛϩⲱⲟⲩ.
[3] Lies ⲙⲙⲛⲁϩⲓ.

nächstfolgende und wie das Lied S. 31 von Johannes Chrysostomus zu
sein behauptet.

c.

³ⲡⲟ̅⳾ⲣⲉⲙ ⲉⲧⲱ̅ⲭⲉⲉ. (In einer Umrahmung über der Seite.)
ⲁⲁⲥⲉⲣⲁⲙⲓⲛ ⲛⲛⲟⲩⲃ ⲕⲁⲧⲁ ⲧⲉⲱⲫⲓⲁ ⲛⲉⲱⲗⲱⲙⲱⲛ:
ⲁⲁⲛⲉⲧⲉⲛⲁⲣ ⲉⲣⲁⲧ ⲕⲁⲧⲁ ⲛⲉⲧⲉⲉⲣ:
ⲣⲉⲁ̅ⲁⲅⲉ̅ⲓⲁ̅
ⲧⲟⲩⲥⲓⲛⲣⲉⲙⲁⲁⲥ.
ⲙⲉⲛⲧⲟⲩⲥⲓⲛⲧⲟⲩ⳾ ⲧⲉ ⲛⲅⲁⲣⲙⲁ ⲛⲛⲉⲭⲱⲣⲱⲃⲓⲛ
ⲛⲁⲓ ⲉⲩⲣⲉⲛⲁⲙⲛⲉⲩⲉ
ⲣⲁⲧⲉⲛ-ⲡⲟⲩⲯⲓⲏⲣⲓ ⲙ.ⲙⲁⲛⲟⲩⲏⲗ
ⲉⲩⲧⲁⲩⲁ ⲙⲣⲓⲉⲣⲁⲕⲓⲱⲥ
ⲍⲉ-ⲕⲟⲩⲁⲁⲃ ⲕⲟⲩⲁⲁⲃ ⲕⲟⲩⲁⲁⲃ
ⲛⲯⲁⲙⲉⲧ |ⲉⲥⲁ|ⲏ
ⲛⲉⲣⲁ ⲉⲧⲣⲉⲛⲁⲙⲛⲉⲩⲉ

Meine goldene Taube nach der Weisheit Salomo's,
du mit silbernen Flügeln, wie geschrieben steht
durch David.
dein Sitzen und dein . . . . ist der Wagen der Cherubim,
die im Himmel sind
bei deinem Sohn Immanuel,
indem sie Trishagios sagen:
Heilig, heilig, heilig bist du — dreimal,
du König, der im Himmel ist.

Wie das folgende ein Marienlied.

d.

⳾.ⲙ ⲉⲛⲁⲣⲭ|ⲛⲉⲛⲉ|ⲕⲱⲛⲱⲥ ⲓⲱ̅ ⲉ ⲛⲛⲉ.
ⲛⲉⲭⲣⲓⲥⲱⲥⲧⲟⲙⲱⲥ ⳾⳾ⲟⲟⲩⲟ ⲉⲛⲉⲁⲁⲩ ⲙⲉⲛⲛⲧⲁⲓⲁ
ⲛⲧⲛ|ⲁⲣⲟⲉⲛⲱⲥ|ⲉⲧⲟⲩⲁⲁⲃ .ⲙⲁⲣⲓⲁ
⁴ⲛⲉⲍⲁⲁⲃ ⲍⲉ-ⲁⲩⲧⲁⲣⲉ-ⲧⲏⲁⲣⲟⲛⲱⲥ.
ⲉⲣⲟⲩⲛ ⲛⲉⲣⲓⲛ.
ⲛⲟⲩⲧⲉⲣⲱⲛⲉⲛⲟⲥ̅ ⲛⲛⲉⲥⲁⲙ
.ⲙⲛ|ⲁⲣ|ⲁ ⲛⲉⲛⲁⲣⲟⲉⲛⲱⲥ ⲧⲓⲣⲟⲩ ⲛⲙⲛⲕⲁⲣ⳽

ⲛ|ⲧ|ⲟⲩⲟⲉⲛ-ⲛⲉⲧⲉⲁⲛⲧ ⲉⲙⲁⲣⲓⲁ ⲧⲉⲣⲱ:
ⲁⲙⲁⲩ ⲉⲉⲛϩⲟⲩⲛ¹ ⲉⲛⲕⲓⲧⲟⲩ ⲉⲓⲱⲉⲉⲡ
ⲉⲣⲉ-ⲛⲁⲩⲉⲗⲱⲉ.
ⲛⲉⲩ ⲙⲁⲣⲁⲉ
ⲉⲩⲏⲣⲱⲉⲕⲓⲛ ϩⲓⲝⲉⲛⲧⲉⲥⲁⲙⲛ
[ⲟ]ⲅⲉⲛⲟⲩⲕⲗⲁⲙ ⲛⲱⲛⲓ ⲉⲙⲉ:
ⲉⲙⲁⲣⲕⲁⲣⲓⲧⲏⲉ.
ϩⲓⲝⲉⲛⲧⲁⲙⲛ ⲉⲙⲁⲣⲓⲁ ⲧⲉⲣⲱ:
ⲉⲣⲉ-ⲙⲉⲧⲉⲙⲱⲅⲉ ⲛⲱⲛⲓ ⲉⲙⲉ ϩⲓⲝⲉⲛⲛⲉⲕⲗⲁⲙ:
ⲉⲉⲩⲁⲛⲣⲓⲕⲉ ⲉⲛⲉ|ⲉ|ϩⲁ ⲉⲛⲉⲁ ⲉⲛⲉⲙⲁⲩⲁ
ⲙⲁⲣⲓⲩⲁⲙⲉⲧ [ⲛⲱⲛⲓ] ◦ ◦ ◦ ◦ ◦ [ⲟ]ⲅⲁⲙ ⲉⲣⲁⲉ
ⲕⲁⲧⲁ ⲛⲧⲉ ◦ ◦ ◦ ◦ ◦ ◦ ◦ ◦ ◦ ◦ ◦ ◦ ⲟⲩⲁⲁⲃ
ⲉⲝⲉⲛⲧⲉϩⲟⲉⲓⲧⲉ ◦ ◦ ◦ ◦ ◦ ◦ ◦ ◦
ⲉⲉⲩⲁⲛⲣⲓⲕⲉ ⲉⲛⲉⲉϩⲁ ⲉⲛⲉⲁ[ⲉⲛⲉⲙⲉⲛ|ⲧ
ⲙⲁⲣⲉ-ⲙⲁⲙⲉⲧ ⲛⲱⲛⲓ ◦ ◦ |ⲟⲩⲁⲙ ⲉ|ⲣⲁⲉ
ⲉⲛ ◦ ◦ ◦ ◦ ⲉⲛⲙⲁⲙⲉⲧ|ⲛⲱⲛⲓ|
◦ ◦ ⲧⲁ ⲛⲉⲛ ◦ ◦ ◦ ◦ ◦ ◦ ◦ ⲛ ⲉϩⲟⲩⲛ
‑   ⲁⲫⲱ³

1. Sic.   2. ⲱ als Korrektur über ⲁ?   3. Unter der letzten Zeile.

.... des *Erzbischofs Johannes des Chrysostomus* .... zu dem Lobe und
der Ehre der heiligen Jungfrau Maria. Er sprach:
Sie stellten die Jungfrau
hinein in den Tempel
.....¹ des Herrn der Heerscharen
über alle Jungfrauen der Erde
und sie fanden das Erlesenste für Maria, die Königin,
als sie² in dem Gemach³ des Joseph war.
Die Engel kamen zu ihr
und verehrten⁴ .... auf ihrem Haupt.
Eine Krone von Edelstein und Perlen
ist auf dem Haupt der Königin Maria.

¹ Mir unverständlich.
² Vergl. oben S. 33 zu ⲙⲛⲁⲧⲉⲓⲁϫϩⲱⲧⲉⲕⲛⲁⲣⲁⲃⲁⲥⲓⲉ.
³ ⲕⲟⲓⲧⲱⲛ.
⁴ Es fehlt wohl »die Krone«, wie nach dem Folgenden zu vermuthen ist.

Philos.-histor. Abh. 1897. I.   6

Zwölf Edelsteine sind auf der Krone.
Wenn sie ihr Gesicht neigt nach der Seite des Ostens[1],
so leuchten drei Steine . . . zu ihr (?)
gemäfs dem
. . . . heilig . . . auf dem Kleide . . . . . .
Wenn sie ihr Gesicht neigt nach der Seite des Westens,
so leuchten drei Steine . . . . zu ihr (?) . . .
die drei Steine . . . . .

VI. Die Beischriften für den Vortrag der Gedichte.

Ich habe oben bei der Übersetzung der Texte die einzelnen Worte unübertragen gelassen, die ihnen am Rande, am Anfang oder am Schlusse beigefügt sind und augenscheinlich Anweisungen für den Vortrag des betreffenden Stückes enthalten.

In dem Theodosiusmärchen sind so die Worte ⲧⲁⲗⲟⲥ und ⲗⲉϫⲓⲥ gebraucht:

1. Erzählung der Wahl. — Es gab damals zwei Leute, deren einer träumte. ⲧⲁⲗⲟⲥ ⲗⲉϫⲓⲥ.

2. Erzählung des Traumes und seiner Deutung. — Theodosius wird König. ⲗⲉϫⲓⲥ.

3. Theodosius vergißt seinen Freund. Die Wiedererkennung. Dionysius wird Patriarch. ⲧⲁⲗⲟⲥ.

4. Schlußsformeln.

Von diesen Worten ist das ⲗⲉϫⲓⲥ schon Lagarde in liturgischen Handschriften begegnet[2], der bemerkt, daß es durch ⲥⲓⲥ übertragen wird. Aus seinen Inhaltsangaben dieser Handschriften ergiebt sich, daß es hier eine Besonderheit bei der Recitation der Psalmen sein muß: es wird z. B. Psalm 44, 11 vorgetragen, dann folgt: ⲗⲉϫⲓⲥ Vers 12. Man wird also wohl noch aus dem heutigen koptischen Gottesdienste feststellen können, was die ⲗⲉϫⲓⲥ ist.

Das ⲧⲁⲗⲟⲥ (das τέλος sein könnte) kehrt auch in unserem Gedicht von Elias (oben S. 37) wieder und zwar am Ende seines vorletzten Abschnittes; auch

---

[1] ⲙⲁⲛϣⲁ.

[2] Lagarde, Orientalia S. 4: »das oft wiederkehrende ⲗⲉϫⲓⲥ zu erläutern, überlasse ich anderen«.

das ⲧⲁⲗⲗⲁⲥ, das auf denselben Blättern, scheinbar am Anfang des Gedichtes von Salomo, steht, wird damit identisch sein. Vielleicht auch das ⲡⲁⲗⲗⲟⲥ, mit dem Strophe 14 des Archellites schliefst und Strophe 15 beginnt. In dem Salomomärchen finden sich am Schlufs eines Abschnittes und am Ende des Textes Worte, die etwa ⲙⲁⲩ ⲕⲁⲧⲁⲙⲁⲟⲩⲁⲩ ». . . gemäfs dieser Farbe« lauten und die etwa »in dieser Art weiter auszuführen« bedeuten könnten.

Interessanter sind die Beischriften der poëtischen Texte. Zwar das ⲁⲗⲗⲟⲥ, das in dem Schmidt'schen Bruchstück zweimal den Beginn eines neuen Liedes bezeichnet, während es im Archellitesgedicht am Ende einzelner Strophen[1] steht, mufs eine allgemeine Bedeutung haben und auch das ⲟⲩⲉⲣⲡⲕⲟ am Schlufs des Salomoliedes (S. 37) bleibt besser bei Seite. Aber die anderen Beischriften beziehen sich gewifs zumeist auf die Melodie, in der der betreffende Vers zu singen ist oder die man dazu zu spielen hat. Es sind:

1. ⲧⲛⲁϩⲓⲥⲥ ⲁⲛ Arch. 1; ⲧⲛⲁϩⲣⲓ' ib. 7; ⲧⲛⲁϩⲓⲥⲥ ib. 17 ⲛⲟⲩⲱϩⲙ ⲉⲧⲟⲭⲟⲥ ⲧⲛⲁ Schmidt (S. 31).

2. ⲛⲁⲓⲁⲛ' Arch. 5; ⲛⲁⲓ' ib. 10.

3. ⲛⲟⲩⲱϩⲙⲉⲧⲟⲭⲟⲥⲛⲛⲟⲥ Schmidt (S. 32 und 34).

4. ⲛⲁⲓⲱ∘∘ Arch. am Schlufs von 4.

5. ϣⲟⲙⲧ ⲉϩⲟⲉϥ Arch. 11 und am Schlufs von 22.

6. ⲁⲛⲡⲛ Arch. 3.

7. ⲱⲁⲓⲥⲉⲧⲛⲉ Arch. 8 (Lesung fraglich).

8. ⲁⲗⲗ' Arch. 12 (vielleicht nur ein ⲁⲗⲗⲟⲥ).

9. ∘ⲛⲉⲣϩ∘∘∘∘∘ ⲛⲣⲟⲙⲛⲉ Arch. 21.

10. Zerstört: ⲛⲉϫ∘∘ am Schlufs von Arch. 12 — ⲛⲟ∘ϩⲉⲙⲉⲧⲟⲭ ⲉⲥ∘∘∘∘ Marienlied (S. 40) — ⲛⲟⲩⲱϩⲙⲉⲧⲟⲭ ⲟⲥ∘∘∘∘ über dem Theodosiusmärchen.

Dafs diese Worte: *ich laide nicht, der Diakon, der grofse, mein Vater, drei Dinge, die Sonne hat* Liederanfänge sind, liegt auf der Hand. Auch von den koptischen Kirchenliedern der »Theotokia«, mit denen wir uns unten noch zu beschäftigen haben, tragen einige ähnliche Angaben am Schlufs:

ⲛϫⲟⲥ ϩⲁⲧⲟⲥ لَحْنُ العُلَّيْقِ »Melodie Dornbusch«

---

[1] Es sind 3. 8. 17. vielleicht auch 15. falls das oben erwähnte ⲡⲁⲗⲗⲟⲥ auch dazu gehört. In allen diesen Fällen folgt auf die betreffende Strophe eine andere von gleichem Metrum und so könnte das ⲁⲗⲗⲟⲥ hier vielleicht bedeuten; »eine andere (gleicher Art)«.

ⲛ̄ϫⲟⲥ ⲁⲛⲡⲗⲱⲃⲏⲩ ⲛⲉⲣⲍⲱ بقل بطريقة البس »Melodie des Daches(?), zu sprechen (?)«[1].

Wo es in diesen Kirchenliedern ⲛϫⲟⲥ heißt, heißt es in den Schmidt-schen Texten und in unserem Marienlied ⲛⲟⲩⲱⲣⲙⲉⲧⲟϫⲟⲥ, ⲛⲟⲩⲱⲣⲙⲓⲉⲧⲟ ϫⲟⲥ, ⲛⲟ[ⲅⲱ]ⲣⲙⲉⲧⲟϫⲟⲥ. Daß dabei das ⲉⲧⲟϫⲟⲥ ein στοῖχος ist, ist klar, aber was ist ⲛⲟⲩⲱⲣⲙ? Ich möchte nicht an ⲟⲩⲱⲣⲙ denken, sondern glaube, daß nach dem S. 55 Bemerkten die korrekte Form ⲛⲟⲩⲱ ⲣ̄ⲙ̄-ⲡⲉⲧⲟϫⲟⲥ ist: »das ⲟⲩⲱ in dem Verse . . . .«. Für ⲛⲟⲩⲱ weiß ich freilich keinen Rath, es sei denn, man denke an das ⲍⲓ-ⲛⲁⲟⲩⲱ, mit dem die Theodosiusgeschichte nach der Überschrift ⲛⲟⲩⲱ ⲣⲙ-ⲡⲉⲧⲟϫⲟⲥ beginnt; die einleitende Musik könnte ja wohl »die Meldung« heißen.

VII. Zur koptischen Metrik.

Wir gehen am besten von dem Archellitesgedichte aus, bei dem die einzel-nen Verszeilen und Strophen unzweideutig in der Handschrift geschieden sind. Man sieht zunächst, daß die meisten Strophen (17 unter 24) aus acht Zeilen bestehen, von denen wieder je vier eine Halbstrophe bilden[2]. Da-neben kommen auch andere Strophen vor und zwar:

Strophe 8 und 9: sechszeilig.

Strophe 14 und 15: neunzeilig.

Strophe 19 und 20: vielleicht beide zehnzeilig.

Strophe 23: anscheinend neunzeilig.

Die ungewöhnlichen Strophen treten also paarweise auf, offenbar als Wechselgesänge an besonders pathetischen Stellen; 8 und 9 enthalten die Warnung vor der Reise und den Entschluß, sie doch zu wagen, 14 und 15 die Klage der Mutter über die Abweisung, in 19 und 20 »beschwören« sich Sohn und Mutter gegenseitig[3].

Daß der metrische Bau dieser Verse auf dem Wortaccente beruht, der ja im Koptischen eine so große Rolle spielt, ist von vornherein anzunehmen.

---

[1] Theotokia p. ៲ᷓ, ᷓᷓᴵ, ᷓᷓ. Dem arabischen Übersetzer sind diese Melodiennamen noch so geläufig gewesen, daß er ⲃⲁⲧⲟⲥ und ⲡⲗⲟⲃⲏⲩ nicht übersetzt, sondern in arabischer Schrift wiedergegeben hat.

[2] Das Zeichen der Halbstrophe steht in 4. 7. 13. 15. 16. 17. 18. 21. 22. 23. 24; es fehlt in 1. 2. 5. 6. 10. 11. 12.

[3] Auch die beiden Strophen vor 19 und 20 und die beiden nach denselben bilden Paare unter einander, so daß also die ganze Stelle 17 — 22 aus drei Strophenpaaren besteht.

Aber wenn wir diesen Accent auch in der Grammatik zur Genüge zu kennen glauben, hier, wo es sich darum handelt, seine Verwendung in der Metrik festzustellen, ergeben sich doch allerlei Zweifel und Schwierigkeiten. Vor allem, wie steht es in längeren Wortgruppen mit dem Nebenton? In ϲⲡⲉⲟⲩⲏⲟⲩⲉ, in ⲉⲧⲁⲩⲝⲛⲉⲩⲙⲡⲉ oder ⲛⲉⲩⲧⲁⲥⲙⲉⲥⲙⲟⲩ liegt ja nach der Grammatik der Accent allein auf ⲩⲱ-, ⲩⲛ- und ⲙⲟⲩ, und alle Silben, die davor liegen, sind theoretisch tonlos, aber unmöglich kann man doch ⲉⲩⲗⲩ, sprechen, ohne auch einer der theoretisch unbetonten Silben einen Nebenton zu verleihen. Aber welche war dies im einzelnen Falle[1]? und in wie weit zählte sie in der Metrik mit?

Wie steht es weiter mit der Betonung der griechischen Lehnworte und Namen? Nach der Art, wie sie in den Reimen der Kirchenlieder verwendet werden, möchte man glauben, dafs die Endungen -ⲟⲥ und -ⲟⲛ betont sind, während bei Worten wie ⲙⲁⲣⲓⲁ, ⲥⲟⲫⲓⲁ u. s. w. der Accent auf dem ⲓ liegt. — Zählen ferner Worte wie ⲟⲏⲧϥ, ⲛⲟⲝⲧ oder wie ⲛⲁⲓ, ⲙⲟⲉⲓⲧ, ⲣⲟⲟⲩⲩ oder wie ⲧⲁⲁⲩ, ⲕⲁⲁⲩ als ein- oder zweisilbig? Hat man ein ⲛⲩⲟⲩⲧⲉ ⲛⲧⲛⲉ *puute'ntpe* zu lesen oder *puuté'ntpe*? Und endlich giebt es nicht vielleicht auch Fälle, wo ein der Theorie nach betontes Wort im Verse als unbetont oder schwach betont gebraucht wird? Wenn in zwei im Übrigen gleichlautenden Halbstrophen (21 und 22) es das eine Mal heifst ⲛⲉⲉⲟⲓⲙⲉ ⲉⲛⲧⲁⲩⲝⲛⲉ-ⲩⲩⲡⲉ *neshíme entaušpešere* und das andere Mal ⲉⲟⲓⲙⲉ ⲛⲓⲙ ⲉⲧⲁⲩⲝⲛⲉ-ⲩⲩⲡⲉ *shíme nim etaušpešere*, so fragt es sich wirklich, ob das metrisch verschieden sein soll; es wäre wohl möglich, dafs man das dem Substantiv nachhinkende ⲛⲓⲙ trotz seiner theoretischen Selbständigkeit halb tonlos gesprochen hätte. Und ebenso möchte man dem Verse ⲛⲉⲛⲛⲁ ⲙⲛⲉⲛⲛⲟⲧ ⲣⲟⲩⲉⲣⲟⲓ ⲛⲉⲙⲁⲛ (3), der zwischen solchen mit vier Hebungen steht, nicht gern fünf zuschreiben; ich glaube eher, dafs das ⲡⲟⲩⲩ ⲉⲣⲟⲓ hier nur mit einem Ton (◡-) zu lesen war, nicht mit zwei (-◡-), wie es die grammatische Theorie erfordern würde[2].

---

[1] Nur ausnahmsweise kann man auch einmal in der Grammatik einen Nebenton feststellen. Im Futurum I und II ϥⲛⲁⲥⲱⲧⲙ ist das ⲛⲁ- theoretisch tonlos, wie es ja denn auch als solches verkürzt ist. Aber der altfaijumische Dialekt, der betontes ⲁ in ⲉ verwandelt, unbetontes als ⲁ bewahrt, sagt ⲛⲉⲧⲛⲉⲥⲱⲧ, ⲥⲧⲉⲧⲛⲉⲩⲟⲛⲧ, ⲥⲉⲛⲥⲟⲩⲁⲙⲟⲩ u. s. w.: er spricht also gewifs das ⲛⲁ- mit schwacher Betonung.

[2] Ebenso möchte man in der ersten Zeile des Gedichtes ⲁⲩⲟⲛ ⲛⲁϥ ⲛⲓⲥⲧⲛⲛⲧϥ ⲉⲣⲟⲩⲛ das ⲛⲁϥ für metrisch unbetont halten.

Angesichts dieser Schwierigkeiten beschränke ich mich darauf, hier die folgenden Punkte festzustellen:

1. Berücksichtigt man nur die Hauptaccente der Worte und nimmt man an, dafs vier- und fünfsilbige griechische Worte zwei Tonstellen hatten, so haben weitaus die meisten Verse drei oder vier Hebungen, z. B.

drei:
ⲛⲁⲛⲟⲩⲉ ⲧⲁⲛⲁⲩ ⲉⲛⲟⲩⲣⲟ
ⲧⲉⲛⲁⲣⲁϣⲉ ⲍⲱⲕ ⲉⲃⲟⲗ
ⲉⲣϣⲁⲛⲟⲩⲣⲱⲙⲉ ⲃⲱⲕ ⲉⲛϣⲉⲙⲟ
ⲍⲉⲧⲉⲕⲙⲁⲁⲩ ⲧⲉⲥⲁⲣⲉⲣⲁⲧⲉ ⲉⲣⲟⲕ
ⲃⲱⲕ ⲛⲉⲕϣⲁⲍⲉ ⲙⲉⲛⲁϣϩⲣⲉ (ungewöhnlich)

Ein rein iambisches Mafs (ᴗ— ᴗ—) scheint nicht vorzukommen.

vier:
ⲃⲁⲧⲕ ⲉⲣⲣⲁⲓ ⲧⲉⲕⲛⲁⲩ ⲉⲛⲁⲣⲟ
ϯⲉⲟⲛⲉ ⲉⲙⲱⲧⲛ ⲛⲁⲓⲟⲧⲉ ⲉⲧⲟⲩⲁⲁⲃ
ϣⲁⲓⲕⲟⲗⲉⲗ ⲉⲙⲛⲛⲉ ⲉⲙⲁⲩ ⲉⲛⲉⲛϩⲟ
ⲧⲁⲙⲟⲓ ⲉⲛⲙⲁ ⲉⲣⲉ- ⲛⲣⲱⲙⲉ ⲉⲛϣⲛⲧⲉⲓ
ϯⲟⲩⲟϣ ⲉⲩⲉⲟⲛ ⲉϣⲁⲛⲁⲩ ⲉⲣⲟⲕ
ⲉⲧⲁⲓⲉⲓ ⲉⲛⲙⲁ ⲧⲁⲛⲁⲩ ⲉⲣⲟⲕ
ⲧⲉⲉϣϣⲗⲏⲗ ⲉⲛⲛⲟⲩⲧⲉ ⲉⲣⲣⲁⲓ ⲉⲍⲱⲉⲓ
ⲟⲩⲛϭⲛⲧⲁⲗⲥⲟ ⲛⲁϣⲱⲛⲉ ⲉⲃⲟⲗ ϩⲓⲧⲟⲟⲧⲉⲓ

Ein rein iambisches Mafs (ᴗ— ᴗ—ᴗ—) scheint nicht vorzukommen. Die Verse mit drei und vier Hebungen scheinen als ziemlich gleichwerthig zu gelten und stehen in derselben Strophe durcheinander.

Weit seltener sind Verse mit zwei Hebungen, die besonders in den nicht achtzeiligen Strophen vorkommen und lebhaft zu sein scheinen:

ⲧⲁⲛⲁⲩ ⲉⲛⲉⲕⲣⲟ
ⲁⲙⲟⲩ ⲉⲃⲟⲗ
ⲥⲉⲁⲣⲉⲣⲁⲧⲟⲩ ⲉⲣⲟⲕ
ϩⲛⲧⲙⲛⲧⲉⲣⲟ ⲛⲉⲛⲛⲩⲉ (ungewöhnlich)
ϣⲟⲟⲛ ⲛⲉⲙⲁⲉϥ (ungewöhnlich)

Die drei oder vier Verse, die fünf Hebungen zu haben scheinen[1], und die zwei, die scheinbar nur eine haben[2], sind so vereinzelt, dafs man sie bis auf weiteres besser unberücksichtigt läfst.

---

[1] ⲁⲩⲱ ⲛⲉⲕⲃⲉ ⲛⲁⲓ ⲉⲧⲁⲕⲍⲓ ⲙⲙⲟⲟⲩ(11) und ⲉϣϣⲟⲛ ⲙⲉⲕⲉⲓ ⲉⲃⲟⲗ ⲧⲁⲛⲁⲩ ⲉⲛⲉⲕⲣⲟ(11); vielleicht auch ϩⲁⲙⲟⲓ ⲉⲛⲉⲛⲧⲁⲛⲁⲓ ⲉⲙⲉⲟⲕ ⲉⲛⲙⲟⲛⲁⲥⲛⲣⲓⲟⲛ(16) und ⲃⲱⲕ ⲁⲍⲓⲉ ⲉⲓⲉⲩⲛⲕⲗⲩⲧⲓⲕⲛ ⲧⲁⲙⲁⲁⲩ(16).

[2] ⲁⲛⲧⲗⲟⲩⲟⲉ(19) und ϩⲁⲛⲉⲛⲧⲁⲓⲁⲁⲩ(16).

2. Die Verse mit vier Hebungen zerfallen in zwei Hälften, die zwei Satztheilen oder Sätzchen entsprechen:

ϣⲁⲓⲕⲟⲗⲉⲗ ⲉⲙⲡⲉ ‖ ⲉⲙⲁⲩ ⲉⲛⲉⲕϧⲟ (3)　‖
ⲧⲉⲣϧⲛⲃⲉ ⲛⲁⲕ ‖ ⲛⲁϣⲛⲡⲉ ⲙⲙⲉⲣⲓⲧ (5)　-‖-
ⲧⲉϥϣⲩⲗⲏⲗ ⲉⲙⲛⲟⲩⲧⲉ ‖ ⲉϧⲣⲁⲓ ⲉϫⲱϥ (6)　·‖　·
ⲙⲉϥⲛⲁⲩ ⲉⲛϧⲟ ⲛⲉϧⲓⲙⲉ ϣⲁⲉⲛⲉϧ (8)　-‖· · ·

Nur lange griechische Worte reichen über diese Theilung hinweg:

ⲁⲛⲟⲕ ⲡⲉ ⲧⲉⲅⲛ‖ⲕⲗⲧⲧⲓⲕⲏ ⲧⲉⲕⲙⲁⲁⲩ (24)
ⲡⲁⲓⲱⲧ ⲛⲁⲣⲭⲏ‖ⲉⲡⲓⲥⲕⲟⲡⲟⲥ (10)

3. Wie schon die obigen Beispiele zeigen, beginnen fast alle Verse mit unbetonten Silben und enden auf eine betonte: auch die erste Vershälfte endet gern auf eine Hebung und die zweite beginnt fast immer mit einer Senkung. Es herrscht also fast immer ein iambischer oder anapaestischer Rhythmus.

Freilich ist dies überhaupt der natürliche Rhythmus der koptischen Sprache: ihre Worte beginnen mit tonlosen Vorsilben (Praepositionen, Hülfsverben u. s. w.) und schliefsen mit einem Substantivum oder Verbum, die ja beide zum grofsen Theil den Accent auf der letzten Silbe haben. Auch ein Prosatext bewegt sich daher meistens in einem Rhythmus wie

　‿ ‿ ‿ ‿ ‐ ‖ ‿ ‐ ‖ ‿ ‿ ‐ ‖ ‐ ‿ ‿ ‐ ‖ ‿ ‿ ‿　　‐ [1]

Auch die Abweichungen von diesem Rhythmus ergeben sich von selbst: ein Imperativ oder ein Substantiv z. B., die einen Vers beginnen, werden ihn in der Regel zu einem trochaeischen oder daktylischen machen:

ⲛⲛⲟⲩⲧⲉ ⲛⲧⲏⲉ ⲛⲉ ⲛⲁⲃⲟⲛⲟⲟⲥ (2)
ⲃⲟⲕ ⲉⲛⲡϣⲁϫⲉ ⲙⲉⲧⲁⲙⲁⲁⲩ (17)

Man darf aber wohl annehmen, dafs der Dichter sich der verschiedenen Wirkung dieser Verse bewufst gewesen ist und sie absichtlich herbeigeführt hat.

4. Die gewöhnlichen achtzeiligen Strophen bestehen, wie schon oben gesagt, aus zwei vierzeiligen, die syntaktisch gar nicht oder doch nur lose (z. B. durch einen Konjunktiv) verbunden sind. Die einzelnen Verszeilen

---

[1] Luc. 15, 18. Die ersten Worte ⲧⲛⲁⲧⲟⲟⲩⲛ ⲛⲁⲃⲟⲕ ϣⲁⲡⲁⲉⲓⲱⲧ bilden einen richtigen Vers mit drei Hebungen.

haben zumeist drei oder vier Hebungen: für die Schlußzeilen der beiden
Halbstrophen scheinen drei Hebungen beliebt zu sein. Als Probe gebe
ich Strophe 4:

> *eršan-uróme bók epšemó*
> *tefer-uromp̣e, šafktof epef-éj.*
> *a-Archellites bók etanséf*
> *is-uméše enhoro epinau epefho.*
>
> *ešóp̣e tekonah, pašére emmerit*
> *ere-p̌žojs nastok ežój*
> *ešóp̣e on akka-sóma chraj,*
> *mare-p̌žojs er-roua nemak.*

Unter den Liedern des Schmidt'schen Bruchstückes sind *e* und *g*
derartige achtzeilige Doppelstrophen, während *e* aus einer einzelnen vierzeiligen Strophe besteht.

Seltener finden sich in den achtzeiligen Strophen auch Verse mit nur
zwei Hebungen gebraucht, so sicher die siebente Verszeile von Strophe 12,
wo das kurze ⲧⲁⲛⲁⲅ ⲉⲛⲉⲛⲅⲟ den Wunsch der Mutter leidenschaftlich wieder-
zugeben scheint.

5. Neben den vierzeiligen Strophen, deren Wiederholung die achtzeilige Strophe bildet, giebt es auch dreizeilige Strophen, die ebenfalls aus
Versen mit drei oder vier Hebungen bestehen. Aus ihnen sind die sechs-
zeiligen Strophen 8 und 9 des Archellitesgedichtes und das neunzeilige
Lied *a* des Schmidt'schen Bruchstückes zusammengesetzt. Also:

> *eiweš-urómi enatmu šaeneh,*
> *tažó eraf epaemkah ehét,*
> *eišanmu, tefšlél hižój.*

Dagegen gehören die neunzeiligen Strophen 14, 15, 23 nicht hierher,
da sie eine Halbstrophe von fünf Zeilen enthalten.

6. Eine Strophe von fünf Zeilen zu drei und vier Hebungen bietet
das Schmidt'sche Lied *f* und die neunzeiligen Strophen 14, 15, 23 des
Archellites enthalten ebenfalls, wie die Theilung in 15 und 23 zeigt, eine

derartige Halbstrophe. Die ungewöhnlichen vielzeiligen Strophen wie 19 und 20 des Archellitesgedichtes oder wie die Lieder des Berliner Bruchstückes entziehen sich einstweilen jeder Beurtheilung.

Das ist etwa, was sich unseren Texten heute über die koptische Metrik entnehmen läfst; es ist nicht viel, aber es ist doch genug, um uns nun auch andere koptische Verse erkennen zu lassen, deren metrischer Bau bisher nicht bemerkt worden ist.

Zunächst das merkwürdige faijumische Bruchstück, das ich UBM. kopt. Nr. 30 veröffentlicht und zweifelnd als »poëtische Bearbeitung der Leidensgeschichte« bezeichnet habe. Wer es heute ansieht, erkennt leicht in ihm ein Seitenstück zum Archellitesgedicht. Es sind drei durch ο geschiedene Strophen: in der ersten redet der Heiland zu Judas, in der zweiten redet die Frau des Pilatus, in der dritten hält Christus dem Judas seinen Verrath vor; was dazwischen lag, wurde eben so wie dort frei erzählt. Die Verszeilen sind nur selten getrennt, und ich wage daher über die beiden ersten Strophen nichts zu sagen. Dagegen ist die dritte die gewöhnliche achtzeilige Doppelstrophe:

ⲓⲟⲩⲇⲁⲥ ⲙⲡⲉⲗⲛⲁⲃⲓ ⲗⲉⲕ.
ⲟⲩⲇⲉ ⲁⲛⲉⲧⲓⲙⲁⲥϯⲙⲁⲕⲉⲛ.
ⲁⲕϫⲓ ⲛⲧⲁⲧⲗⲙⲓⲛ ⲁⲕⲧⲉⲓⲧ ⲉϥⲁⲗ
ⲁⲛⲉⲓⲟⲩⲁⲥⲓ ϫⲓⲧ ⲁⲛ ο ⲁⲛⲣⲟⲩⲙⲉ ο
ϯⲟⲩⲱⲙ ⲁⲩⲱ ϯⲥⲱ ⲛⲉⲙⲉⲕ
ϯⲙⲟⲩϯ ⲗⲉⲕ ϫⲉⲛⲁⲥⲁⲛ.
ⲁⲕϯⲡⲉⲕⲧⲓⲃⲉⲥ ⲉϧⲣⲁⲓ ⲉϫⲱⲟⲓ
ⲁⲛⲉⲗⲁⲩⲙⲁ ⲧⲁⲙⲉⲧⲉⲣⲁ ο

Judas, ich sündigte nicht gegen dich
und . . . .
Du nahmst Geld(?) für mich, du verkauftest mich,
die Juden führten mich zu den . . . . .
Ich esse und ich trinke mit dir,
ich rufe dich »mein Bruder«;
du hast deine Sohle auf mich gesetzt,
du . . . . . mein Reich.

50   A. ERMAN:

Weiter haben die bohairischen Kirchenlieder, deren Sammlung von Tuki abgedruckt ist[1], durchweg ein bestimmtes Metrum. Strophen von vier Zeilen, die in der Regel zwei, seltener drei Hebungen haben[2]. So z. B.:

ⲧⲉⲛⲛⲁⲥⲙⲟⲩ ⲉⲣⲟⲕ:	Wir preisen dich,
ⲱ ⲡⲉⲛⲟ̄ⲥ ⲓⲏ̄ⲥ:	unser Herr Jesus,
ⲛⲁϩⲙⲉⲛ ϩⲉⲛⲛⲉⲕⲣⲁⲛ:	Erlöse uns durch deinen Namen,
ϫⲉ ⲁⲛⲉⲣϩⲉⲗⲡⲓⲥ ⲉⲣⲟⲕ ⳾	denn wir hofften auf dich. (Th. p. 59)

ⲛⲉⲕⲣⲁⲛ ϩⲉⲛⲛⲓⲫⲏⲟⲩⲓ:	Dein Name im Himmel
ϫⲉ ⲣⲁⲫⲁⲏⲗ ⲡⲓϫⲱⲣⲓ:	Raphael der Starke,
ϣⲁⲩⲙⲟⲩϯ ⲉⲣⲟⲕ:	man nennt dich:
ϫⲉ ⲟⲩⲛⲟϥ ⲛϩⲏⲧ ⳾	Herzensfreude. (Th. 59)

ⲣⲱϥ ⲅⲁⲣ ⲙⲡⲉⲕⲓⲱⲧ:	denn deines Vaters Mund
ⲉⲧⲟⲓ ⲙⲙⲉⲑⲣⲉ ϩⲁⲣⲟⲕ:	ist's, der für dich bezeugt:
ϫⲉ ⲛ̄ⲑⲟⲕ ⲡⲉ ⲡⲁϣⲏⲣⲓ:	»du bist mein Sohn,
ⲁⲛⲟⲕ ⲁⲓϫⲫⲟⲕ ⲙϥⲟⲟⲩ ⳾	heute habe ich dich gezeugt«. (Th. 59)

ⲁⲕⲓ ⲉⲡⲓⲕⲟⲥⲙⲟⲥ:	du kamst in die Welt
ϩⲓⲧⲉⲛ-ⲧⲉⲕⲙⲉⲧⲙⲁⲓⲣⲱⲙⲓ:	durch deine Menschenliebe;
ⲁϯⲕⲧⲓⲥⲓⲥ ⲧⲏⲣⲥ:	die ganze Schöpfung
ⲟⲩⲛⲟⲩⲗ ϩⲁⲛⲉⲕϫⲓⲛⲓ ⳾	jauchzte bei deinem Kommen. (ib. p. 59)

In diesem letzten Beispiele wird die zweite Zeile wohl noch einen zweiten Accent (etwa auf ⲙⲉⲧ-) haben, wie denn überhaupt die Behandlung des grammatischen Accentes in diesen bohairischen Liedern vielfach eine sehr freie zu sein scheint. Man vergleiche z. B. die erste Zeile der folgenden Strophe.

ⲁⲩⲓⲛⲓ ⲛⲁϥ ⲛⲟⲩⲗⲓⲃⲁⲛⲟⲥ ϩⲱⲥ ⲛⲟⲩϯ:	sie brachten ihm Weihrauch als Gott
ⲛⲉⲙ ⲟⲩⲛⲟⲩⲃ ϩⲱⲥ ⲟⲩⲣⲟ:	und Gold als König
ⲛⲉⲙⲟⲩϣⲁⲗ ⲉϥϯⲙⲏⲓⲛⲓ:	und Myrrhe, die hinwies
ⲉⲛⲉϥϫⲓⲛⲙⲟⲩ ⲛⲣⲉϥⲧⲁⲛϧⲟ ⳾	auf seinen belebenden Tod. (Th. 60)

---

[1] Die sogenannte »Theotokia«: ⲓϫⲱⲙ ⲛⲧⲉ ⲛⲓ ⲑⲉⲟⲧⲟⲕⲓⲁ ⲛⲉⲙ ⲕⲁⲧⲁ ϫⲁϫⲣⲓ ⲛⲧⲉ ⲛⲓ ⲁⲃⲟⲧ ⲭⲟⲓⲁⲕ (Rom 1764).

[2] Die Punkte, die die Verse scheiden, sind öfters in Tuki's Abdruck irrig ausgelassen, doch ist man selten über die richtige Theilung im Unklaren.

Es ist wirklich ein Kunststück, diese erste Zeile den anderen einigermaßen entsprechend zu lesen:

auini naf 'nutibanos hôs nuti

nem unub hôs uro

nem usal eftimeini

epufzimmu enreftanho.

Auch die Willkürlichkeit, mit der in den meisten Liedern die Endsilbe behandelt wird — bald ist sie betont und bald nicht — zerstört für unser Ohr den Rhythmus. Diejenigen Lieder, die sich auch des Reimes bedienen, sind gewiß auch die jüngsten; auch sie haben noch das gleiche Metrum, wenn es auch neben dem Reime wenig zur Geltung kommt:

ⲡⲛⲓϣϯ ⲛⲣⲉϥϩⲓⲱⲓϣ:	Der große Prediger
ϧⲉⲛ ϯ ⲭⲱⲣⲁ ⲛⲧⲉ ⲭⲏⲙⲓ:	im Lande Aegypten.
Ⲙⲁⲣⲕⲟⲥ ⲙⲁⲛⲟⲥⲧⲟⲗⲟⲥ:	Markus, der Apostel.
ⲛⲉϥϣⲟⲣⲡ ⲛⲣⲉϥⲉⲣϩⲉⲙⲓ ✝	sein erster Steuermann. (Th. ⲙⲇ)

ⲧⲉⲛϭⲓⲥⲓ ⲙ̅ⲙⲟ ⲛⲉⲙ Ⲉⲗⲓⲥⲁⲃⲉⲧ: ◡ — — ◡

ϩⲉⲛⲛⲉⲛⲉⲫⲟⲧⲟⲩ ⲛⲉⲙⲛⲉⲛϩⲏⲧ: ◡ — — ◡

ⲁⲣⲓⲉⲛⲙⲉⲩⲓ ⲱ ⲡⲛⲁⲏⲧ: ◡

ⲉⲑⲃⲉ-ⲧⲉⲕⲙⲁⲩ ⲛϣⲉⲗⲉⲧ ✝ ◡ — — —

Wir preisen dich und Elisabeth
mit unseren Lippen und unseren Herzen.
Gedenke unserer, o du Mitleidiger,
wegen deiner bräutlichen Mutter. (Th. ⲣⲁ)

Auf der gleichen Stufe wie diese letzten Beispiele steht dann auch das einzige sahidische Gedicht, das wir bisher kannten, die späte Reimerei, die in *süßen Worten den Brüdern den Nutzen dieser aegyptischen Sprache* lehren soll, d. h. die schon geschrieben ist, um das Koptische in seinem Kampfe gegen das Arabische zu unterstützen[1]. Sieht man von den Künsten und

---

[1] Veröffentlicht sind bisher nur die von Zoëga gegebenen Proben (Catalogus p. 642 ff.); ein vollständiger Abdruck wird schon wegen des reichen Wortschatzes des seltsamen Textes nicht zu umgehen sein. Doch muß dann nothwendig der arabische Text mit abgedruckt werden, der zum Verständniß dieser Barbarei nicht zu entbehren ist.

Gewaltsamkeiten ab, zu denen diesen »Dichter« die Reimnoth gezwungen
hat, so findet man, dafs bei den meisten Strophen der metrische Bau
deutlich ins Ohr fällt, wie er denn auch Zoëga offenbar nicht entgangen
ist[1]. Sie haben alle, wie üblich, vier Zeilen. Z. B.

Mit drei Hebungen, fast rein iambisch, wie es im Archellites nicht
vorkommt:

 ⲛⲧⲟϥ ⲛⲉⲛϣⲱⲥ ⲙⲡⲟⲣⲉ ∪ – – –
 ⲉⲧϯ ⲙⲛⲟⲩϩ ⲙⲛⲛⲁϩⲉ – – – ∪ – ∪
 ⲁⲝⲓⲉ ⲛⲁⲓ ⲧⲉⲛⲟⲩ ϫⲉⲁϩⲉ ∪ – – · – – ∪
 ⲛⲉϥϩⲁⲛ ⲛⲉ ϩⲉⲛⲁⲡⲓⲣⲟⲩ ∪ – · ∪ –

Mit drei und vier Hebungen, dem Archellitesmetrum ähnlich:

 ⲙⲡⲣϣⲱⲛⲉ ⲛⲟⲉ ⲛϣⲛⲣⲉ ⲛⲛⲣϩⲃⲱ – – · · · ∪ · ∪ –
 ϫⲉⲛⲛⲉϥⲧⲁϩⲟⲧⲛ ⲛϭⲓ ⲛⲛⲟϭ ⲛϩⲃⲁ – · – – –
 ⲕⲱϩ ϫⲉ ⲉⲛⲉⲛⲧⲁϥⲟⲩⲱϩ ϩⲛϩⲉⲛϩⲃⲱ –
 ⲉϥϭⲱϣⲧ ⲉⲧⲛⲟⲗⲓⲉ ⲛⲁⲭⲉⲓⲣⲟⲛⲉⲛⲧⲟⲛ – ∪ · – – · · –

Mit vier Hebungen, die dritte Zeile rein iambisch:

 ϯⲟⲛⲟϣ ⲧⲉⲛⲟⲩ ⲉⲧⲣⲁⲃⲱⲕ ⲉϩⲣⲁⲙⲁ – · ∪ ∪ – ∪
 ⲧⲁⲓϣⲛⲉ ⲙⲙⲁⲩ ⲛⲥⲁⲣⲁϩ ⲛⲣⲱⲙⲉ – ∪
 ⲧⲁⲃⲱⲕ ⲛⲁⲙⲙⲁⲩ ⲉⲧⲛⲟⲗⲓⲉ ϩⲣⲟⲙⲛ – – · –
 ⲧⲁⲟⲩⲱϩ ⲛϩⲛⲧⲉ ⲛⲟⲉ ⲙⲛⲁⲅⲗⲟⲥ ⲛⲁⲣⲭⲓⲁⲅⲕⲧⲟⲛ –

Mit fünf und vier Hebungen, wenn nicht mit mehr:

 ⲛⲧⲟϥ ⲟⲛ ⲛⲉⲛⲧⲁϥⲧⲁⲙⲓⲉ-ⲛⲉⲟⲩⲛϩⲟⲟⲣ ⲙⲛⲛϣⲱⲛϣ ∪ –
 ⲁϥⲟⲩⲉϩⲥⲁϩⲛⲉ ⲛⲛⲟⲩⲛⲛⲃ ⲉⲣⲟⲛϩ ⲙⲛϩⲛⲛⲁⲣ ⲙⲛⲛϣⲱⲛϣ
 ⲛⲟⲉ ⲉⲧⲟⲩⲣⲟⲛϩ ⲙⲛⲉⲥⲉⲛⲉ ⲉⲧⲛⲁϣⲟϫⲛ
 ⲉⲃⲟⲗ ϩⲙⲛⲉⲥⲟⲟⲩ ⲙⲛⲛⲁⲥⲭⲁ ϩⲛⲟⲩⲙⲛⲧⲁⲧϯⲧⲟⲛ

Einzelne Strophen haben sogar Verse zu sechs und sieben Hebungen:
die vierte Verszeile, die durch das ganze Gedicht auf ⲟⲛ reimt, weicht auch
in der Zahl der Hebungen meist von den anderen ab.

---

[1] Er sagt: Invat barbarae poeseos exhibere specimina nonnulla, selectis iis quae faciunt
ad linguae notitiam augendam vel ad rhythmi illius indolem demonstrandam – – eine Bemerkung, die unbeachtet geblieben ist.

VIII. Zur Grammatik.

Die Texte, die ich hier veröffentlicht habe, gehören alle dem oberaegyptischen Dialekte an und gewifs auch ein und derselben Zeit, aber sie unterscheiden sich doch nicht unwesentlich von einander. Vielleicht entstammen sie daher verschiedenen Gegenden Oberaegyptens, vielleicht aber rühren diese Differenzen auch nur von dem verschiedenen Bildungsgrade ihrer Schreiber her. Denn was man in dieser Zeit schrieb, war wohl längst nicht mehr der lokale Dialekt der einzelnen Stadt: der war nicht schriftmäfsig. Es war vielmehr eine gemeinsame aus dem Sahidischen erwachsene Schriftsprache, die nur von dem einen »richtiger«, d. h. weniger dialektisch, als von dem anderen gehandhabt wurde. Selbst ein Faijumer schreibt, wenn er gebildet ist, ein leidliches Sahidisch, bei dem höchstens das ⲁ für ⲟ noch an den alten faijumischen Dialekt erinnert, wie er uns aus seiner Bibelübersetzung bekannt ist. Anders der Ungebildete, dem sich aus der Sprache des täglichen Lebens Formen und Laute eindrängen, von denen das Sahidische nichts weifs[1].

Wenn daher beispielsweise das Archellitesgedicht, das wahrscheinlich aus Schmun stammt, das ⲟ stets richtig bewahrt, während die anderen Texte schwanken, oder wenn jenes im Konjunktiv ⲉⲩⲉ und ⲩⲉϥ hat, wo diese ⲧⲉⲩ und ⲧⲉϥ setzen, so kann das zwar auf eine verschiedene Heimat dieser Schreiber deuten, es kann aber auch nur daher rühren, dafs die einen weniger in der alten Litteratur bewandert waren als die anderen.

Wenn ich eben die Sprache unserer Texte als oberaegyptische Schriftsprache bezeichnet habe, so bitte ich, dabei freilich nicht an die Sprache der alten sahidischen Litteratur und der Bibelübersetzung zu denken, denn von dieser liegt sie weit ab. Fort sind die langen Perioden, die das alte Koptische dem Griechischen nachgebildet hatte, und fort sind fast alle die griechischen Konjunktionen, die man einst der Sprache aufgepfropft hatte. All diese Unnatur ist wieder abgestofsen, und was übrig geblieben ist, ist

---

[1] Ich möchte bei dieser Gelegenheit auf ein gutes Beispiel für das hier Gesagte aufmerksam machen. Wir haben zwei Texte, deren Schreiber wahrscheinlich in demselben Dorfe des Faijum zur gleichen Zeit gelebt haben, die Notiz des Diakon Joseph, die Quatremère, Recherches sur la langue p. 248 veröffentlicht hat, und die Sammlung von Volksmitteln UBM. kopt. Nr. 26. Jener schreibt ein etwas wildes Sahidisch, dieser einen ausgesprochenen Vulgärdialekt.

eine Sprache, die einen wirklich aegyptischen Eindruck macht. So sind diese Bruchstücke auch sprachlich wohl zu beachten.

Die folgende Übersicht soll zusammenstellen, wie sich die einzelnen Texte in charakteristischen Punkten verhalten; ich berücksichtige dabei zum Vergleich noch die kleine Bannbulle eines Bischofs von Schmun, die Steindorff (ÄZ. 1892 S. 37) herausgegeben hat und die mit dem Archellites zusammen erworben ist, sowie zwei andere ähnliche Bruchstücke unserer Sammlung, die ich schon an anderer Stelle veröffentlicht habe, das Bruchstück des Physiologus[1] und die Sammlung von Volksmitteln[2]. Alle drei dürften unseren Stücken etwa gleichzeitig sein; die Volksmittel stammen wahrscheinlich aus dem Faijum und sind im 11. Jahrhundert geschrieben. Noch Anderes heranzuziehen erschien mir bei diesem ersten Versuche nicht rathsam. Ich bezeichne mit

A.: das Archellitesgedicht.
Bb.: die Bannbulle.
Sch.: die Schmidt'schen Bruchstücke (oben S. 23. 26. 30).
Bl.: unser Bruchstück P S 127 (oben S. 36),
Ph.: den Physiologus,
Vm.: die Volksmittel.

Konsonanten.

ϫ und ϭ.

Alle wie im Sahidischen; *Vm.* schreibt auch ⲛⲁϫⲁϥ- für ⲛⲉⲧϣⲁϥ-.

ⲣ und ⲗ.

Alle wie im Sahidischen: auch *Vm.* macht keine Ausnahme, falls man nicht das eine ⲡⲓⲗⲉϥ »auf ihm« (das offenbar der alten faijumischen Form ⲡⲓⲗⲉϥ entspricht) als solche rechnen will.

ⲃ und ϥ.

Alle gebrauchen ⲃ im Auslaut auch für ϥ: *Sch.* schreibt auch umgekehrt ⲣⲟϥ für ⲣⲟⲃ und *Vm.* ⲫⲏⲧⲟⲙⲁⲥ für ⲣⲃⲁⲟⲙⲁⲥ.

Anlautendes ⲣ.

Sch. und *Vm.* schreiben für ⲣⲃⲟⲩⲣ »links« auch ⲃⲟⲩⲣ (mit Artikel ⲛⲉⲃⲟⲩⲣ).

---

[1] ÄZ. 1896 S. 53.
[2] UBM. kopt. Nr. 26.

Anlautende Doppelkonsonanz.

BL. schreibt ⲥⲉⲣⲁⲙⲙ, ⲣⲉⲙⲁⲁⲥ.

Bb. schreibt ⲙⲛⲟⲩⲧⲉ und ⲙⲛⲟⲙⲟⲥ, also *'mnu* für *'mpnu.* — *Sch.* schreibt ⲙⲡⲣⲉⲣⲁⲙⲉ, ⲙⲛⲁⲩ und ⲛⲟⲩⲟⲣⲙⲉⲧⲟⲭⲟⲥ neben ⲛⲟⲩⲟⲣⲙⲛⲉⲧⲟⲭⲟⲥ, also *'mpris* für *'mptris*, *'mnau* für *'mpnau*, *k'mstochos* für *k'mpstochos*. *BL.* schreibt ebenfalls ⲛⲟⲩⲅⲱⲟⲣⲉⲙⲉⲧⲟⲭⲉⲉ, und ⲙⲛⲁⲩ und sogar ⲙⲡⲣⲉⲣⲁⲙⲟⲉ d. h. *'mris* für *'mptris*.

Sch. schreibt ⲣⲛⲛⲉ, also *k'npe* für *k'ntpe*.

Behandlung des *'n, en*.

In allen diesen Texten schwindet dieses *'n* leicht. Geht das vorhergehende Wort konsonantisch aus, so wird es zu *e*, während es nach einem Vokal sich meist an diesen anschliefst. Die Verdoppelung des ⲛ̄ vor ⲟⲩ- (*unu* für *en-u*), die z. B. im alten Faijumischen so häufig ist, hat nur *Bb.*: ⲁⲩϭⲱⲧⲧ ⲛⲛⲟⲩⲕⲁⲛ, ⲟⲩⲡⲗⲏⲣⲟⲫⲟⲣⲓⲁ ⲛⲛⲟⲩϭⲓⲏⲩ.

ⲛ des Genetivs.

A. Geht das vorhergehende Wort konsonantisch aus, so wird ⲛ̄ zu *e*: ⲡⲁⲥⲙⲕⲁϩ ⲉϩⲟⲩⲧ; geht es vokalisch aus, so bleibt es ⲛ̄[1]: ⲟⲩϣⲏⲣⲉ ⲛⲟⲩⲱⲧ. Es ist dies wohl *uš're'mrôt* zu sprechen[2].

Bb. Wie *A.*; (dabei auch ⲛⲛ ⲉⲛⲣⲁⲙⲛⲟⲗⲓⲉ, also *m ej* mit konsonantischem Auslaut gesprochen). Das ⲙⲉⲗⲁⲭ́ ⲉⲛⲉⲛⲉⲕⲟⲛⲟⲥ erklärt sich aus dem zu *BL.* Bemerkten.

Sch. Wie *A.*; doch hält sich ⲛ manchmal auch nach konsonantischem Auslaut[3].

BL. Wie *A.*[1]; doch ist zu bemerken: 1. Fängt das Nomen rectum vokalisch an, so steht stets ⲛ: ⲩⲁⲙⲉⲧ ⲛⲟⲛⲓ (lies *samet nôni?*). 2. Fängt es mit ⲛ oder ⲙ an, so verschmilzt ⲛ̄ mit diesen zu *enne*, *emme*: ⲧⲁⲛⲛ ⲉⲙⲁⲣⲓⲁ (lies *emmaria*), ⲛ̄ϭⲥ̄ ⲛⲛⲉϭⲁⲙ.

Ph. *en*, *n* und *e* wechseln fast regellos (sogar ϩⲁⲗⲛⲧ ⲧⲏⲣⲟⲩ ⲉⲧⲏⲛ); zuweilen ist das Genetivpraefix auch gar nicht in der Schrift bezeichnet, so ⲩⲁⲙⲧ ϩⲁⲁⲩ neben ⲩⲁⲙⲧ ⲉϩⲁⲁⲩ, ⲩⲓ ⲉⲛⲁⲩ ⲛⲟⲩⲃ für *ši snau 'nnub*.

---

[1] In diesem Fall wird es vor ⲛ und ⲙ meist wie im S. zu ⲛ; ebenso in den anderen Texten.

[2] Nach dem Suffix ⲧ bleibt ⲛ: ⲉⲣⲁⲧϥ ⲙⲛⲁⲙⲧⲟ.

[3] Nach dem Suffix ⲧ wieder ⲛ: ⲣⲟϥ ⲛⲉⲱⲗⲟⲙⲟⲛ.

[4] Nach dem Suffix ⲉ steht ⲉⲛ: ⲉⲉⲛⲅⲟⲩⲛ.

Vm. Nach vokalischem Auslaut ⲛ (selten ⲉⲛ): nach konsonantischem meist ⲉ (selten ⲉⲛ oder ⲙ). - Beginnt das Nomen rectum mit einem Vokal, so steht meist ⲛ (ⲧⲉⲛⲁϧ ⲛⲟⲩⲛⲁⲙ. ⲟⲩⲅⲁϩⲉ ⲛⲁⲃⲓϫⲉⲛⲓ. ⲛⲛ ⲛⲟⲩⲕⲟⲩⲕⲟⲩⲛⲉⲧ), doch kommt auch hier ⲉ vor, das dann mit ⲛ kontrahirt wird (ⲛⲛⲉϧ ⲉⲅⲉⲣⲧ »Rosenöl«. ⲛⲉⲃⲁⲗ ⲉⲅⲁⲗⲉⲕⲧⲱⲣ). In ⲛⲉⲛⲁⲕⲉⲙϧⲁⲗⲉⲧ. ⲧⲁⲛⲉⲛⲉϥⲧⲉϧⲉⲛ ist der Genetivexponent ungeschrieben geblieben oder vielmehr mit dem ihm vorhergehenden ⲉ zusammengefallen.

Praeposition ⲛ̄.

A. Wird nach konsonantischem Auslaut zu ⲉ- (ⲁⲭⲓⲉ ⲉⲛⲁϫⲙⲡⲉ)[1]. Nach vokalischem bleibt ⲛ- (ⲭⲱ ⲙⲛⲉϥⲧⲁⲓⲟ *šô 'mpeftajo*); die Schreibung ⲉⲛ- kommt nur nach ⲉⲙⲙⲉ und ⲣⲟⲙⲉ vor, was nicht zufällig sein wird. - Bemerkenswerth ist, dass ⲧⲁⲁⲩ und ⲙⲛⲓⲧⲁⲓ dabei zu den konsonantisch auslautenden Worten zählen.

Bb. Wie *A.*: ⲭⲓⲛ ⲉⲛⲟⲟⲩ: doch auch hier vor vokalischem Anlaut ⲛ: ⲁⲅⲟⲱϥⲧ ⲛⲛⲟⲩⲕⲁⲛ. wobei *'n-u* zu *'nuu* wird.

Sch. Wie *A.*. doch findet sich ⲛ auch nach konsonantischem Auslaut. besonders vor Vokalen (ⲁⲁⲕ ⲛⲉⲣⲣⲟ)[2]. Zuweilen ist die Praeposition in der Schrift gar nicht bezeichnet: ⲁⲉⲣⲭⲁⲁⲉ ⲛⲉⲃⲏⲃⲉⲣ.

BL. Nach vokalischem Auslaut ⲛ. nach konsonantischem ⲉ und ⲛ.

Ph. Nach vokalischem Auslaut ⲛ und ⲉⲛ. nach konsonantischem ⲉ. ⲉⲛ und ⲛ. Auch hier zuweilen gar nicht ausgeschrieben.

Vm. Nach vokalischem Auslaut ⲛ. nach konsonantischem ⲉ oder. falls ein Vokal folgt, ⲛ (ⲟⲩⲁϫⲛ ⲛⲟⲩⲛⲁϭ).

ⲛ̄ⲙⲟϥ.

A. Nach vokalischem Auslaut ⲙⲙⲟϥ (ⲧⲓⲧⲁⲣⲛⲟ ⲙⲙⲟⲛ). wofür einmal auch ⲙⲟϥ vorkommt (ⲛⲉϯⲙⲉ ⲙⲟϥ neben ⲛⲉⲧⲙⲉ ⲙⲙⲟϥ). Nach konsonantischem Auslaut ⲉⲙⲟϥ (ⲉⲁⲃⲟⲗ ⲉⲙⲟϥ).

Bb. Nach vokalischem Auslaut ⲙⲙⲟϥ.

Sch. Nach vokalischem Auslaut ⲙⲁϥ (selten ⲙⲙⲁϥ). nach konsonantischem ⲉⲙⲁϥ.

BL. Nach vokalischem Auslaut ⲙⲁϥ.

Ph. Nach vokalischem Auslaut ⲙⲁϥ (selten ⲉⲙⲁϥ). nach konsonantischem ⲉⲙⲁϥ (in ⲛⲉⲧⲉⲙⲁⲩ »jener«).

Vm. wie *Ph.*

---

[1] Nach dem Suffix ϥ wieder ⲛ: ⲭⲟϥ ⲙⲛⲉϥⲭⲛⲁⲁ.

[2] Nach ϥ theils ⲛ (ϧⲟϥ ⲛϧⲛⲓⲟⲩ). theils ⲉ (ⲉⲣⲁϥ ⲉⲛⲁⲙⲕⲁϧ).

Partikel ⲛϭⲓ.

A. Nach konsonantischem Auslaut ⲉϭⲓ.

Sch. Nach vokalischem Auslaut ⲉⲛϭⲓ. ⲉϭⲓ.

Bl. Nach konsonantischem Auslaut ⲛϭⲓ.

Ph. Nach vokalischem und konsonantischem Auslaut ⲉⲛϭⲓ.

Pronomen ⲛⲧⲟϥ.

A. Am Versanfang ⲉⲧⲟⲟⲩ: nach vokalischem Auslaut ⲛⲧⲟⲕ.

Relativ ⲛⲧ- vor dem Perfektum.

A. Nach vokalischem Auslaut häufiger ⲛⲧⲁϥ- als ⲉⲧⲁϥ-, die indessen geradezu mit einander wechseln. Einmal auch ⲉⲛⲧⲁϥ- (nach ⲉϧⲙⲉ). Nach konsonantischem Auslaut einmal ⲉⲧⲁϥ-.

Bb. Nach konsonantischem Auslaut ⲛⲧⲁϥ-.

Sch. Nach vokalischem Auslaut ⲛⲧⲁϥ-.

Ph. Nach konsonantischem Auslaut ⲧⲁ- (sic), nach ϧⲁⲗⲩ steht ⲉⲛⲧⲁ.

Vm. Nach ⲙⲙⲙ steht ⲉⲧ[ⲁ]-.

Negirtes Perfektum ⲙⲡⲉϥ-.

A. Nach ϧⲟⲟⲩ steht sowohl ⲙⲙ- als ⲉⲙ; am Versanfang steht ⲛⲉ-.

Sch. Nach konsonantischem Auslaut ⲙⲡⲉϥ-, doch kommt für ⲙⲡⲁⲧϥ- nach konsonantischem Auslaut ⲉⲛⲁⲧⲉϥ- vor.

Bl. Nach vokalischem Auslaut ⲙⲙⲉ-.

ⲁⲩⲱ »und«.

A. Vor Konsonanten theils ⲙⲉ (ⲙⲉⲛⲛⲟⲩⲧⲉ, ⲙⲉⲧⲁⲙⲁⲁⲩ), theils ⲙⲉⲛ (ⲙⲉⲛⲃⲉⲣⲉⲧⲟⲥ).

Bb. Vor Konsonanten ⲙⲛ; mit dem pluralischen Artikel bald zusammengezogen (ⲙⲛⲉⲉ-), bald nicht (ⲙⲙⲛⲉⲧⲉⲛ-).

Sch. Meist ⲙⲛ oder ⲙⲙⲙ (ⲙⲙⲙⲟⲃ, mit dem pluralischen Artikel ⲙⲛⲉⲟⲣⲡⲟⲛ), aber auch ⲙⲉⲛⲁⲓ.

Bl. wie *A.*

Ph. Meist ⲙⲉⲛ, ⲙⲛ (mit dem pluralischen Artikel ⲙⲉⲛⲉ-, ⲙⲛⲛⲉ-, ⲙⲛ-), aber auch ⲙⲉⲛⲉⲧⲁⲓ.

Vm. Nur ⲙⲉ, auch vor einem Vokal (ⲙⲉⲟⲣⲩϧ).

58   A. Erman:

ϧⲛ- »in«.

A. ϧⲛ- (bez. ϧⲙ-) vor Konsonanten.

Bh. Vor Konsonanten und Vokalen ϧⲛ-, ϧⲉⲛ-.

Sch. ϧⲛ- vor ⲟⲩ und in ϧⲙⲡⲉ »im Himmel«: sonst vor ⲛ und ⲧ stets
ϧⲛ- oder ϧⲓ-.

Bl. ϧⲉⲛ- vor ⲟⲩ: sonst meist ϧⲉ- (ϧⲉⲛⲉⲃⲓⲛ, neben ϧⲉⲙⲛⲉⲃⲉⲛ).

Ph. Vor Konsonanten ϧⲓ-[1].

Vm. Vor Vokalen ϧⲉ- (ϧⲉⲟⲩⲉⲁⲙ, ϧⲉⲅⲙⲉⲏⲛ).

ϧⲉⲛ- unbestimmter Artikel.
Bewahrt in *A.* (auch ϧⲛ), *Bh.* (ϧⲛ) und *Vm.* sein ⲛ.

ϧⲣⲁⲓ und verwandtes.

A. Neben ⲉϫⲁⲛⲙⲟⲩ einmal ⲉϫⲁⲛⲁϭⲓⲥ (d. h. ⲉϫⲛⲛⲁϭⲓⲥ).

Bh. In einer Bemerkung von anderer Hand schon ϧⲣⲁⲟ ⲙⲗⲗⲟⲥ: vergl.
bei *Vm.*

Sch., *Bl.* bewahren das ⲛ: *Ph.* zieht es mit dem pluralischen Demonstrativ zusammen ϧⲣⲁⲙⲡⲉϥ-.

Vm. Theils korrekt ϧⲣⲁⲉⲛⲛⲉϧⲃⲟⲩⲣ, ⲉϫⲉⲛⲛⲉⲧⲉⲣⲉ, theils mit Verlust
des ⲛ ϧⲣⲁⲉⲛⲟⲩⲛⲁⲙ. Dafür nach Analogie der Suffixform dann auch: ϧⲣⲁⲟ
ⲛⲉⲱⲍⲉⲛϧ und ⲉⲭⲟ ⲟⲩⲣⲟⲙⲓ.
S. ⲙⲉⲛⲧ.

A. ⲙⲛⲧⲣⲉ, ⲙⲛⲧⲉⲣⲟ. *Sch.* ⲙⲉⲧⲉⲣⲣⲟ, ⲙⲛⲧⲟⲩⲛⲛⲃ. *Ph.* ϣⲁⲙⲧ, ⲙⲉⲧⲣⲉ.

Verschiedenes.

A. ⲛⲧⲉϥ (d. h. *ntef*) für ⲛ̄ⲧⲉϥ (*entef*).

Sch. ⲧⲟⲟⲩⲧⲉⲛⲃⲟⲕ und ⲧⲟⲟⲩⲛⲧⲉⲃⲟⲕ für *touen bôbôk*.

Ph. ⲉϥⲧⲉⲧⲟⲧ (neben ⲧⲉⲛⲧⲟⲛ) für *tentôet*.

Vokale *o* und *u*.

S. ŏ wird *a*.

A. und *Bh.* behalten das ŏ ganz wie die alte Schriftsprache bei.

Sch. Jedes ŏ ist wohl zu ⲁ geworden, doch wird es nicht immer
als solches geschrieben: ⲉⲣⲁϥ   ⲉⲣⲟϥ: ϣⲁⲣⲁⲕ   ϣⲁⲣⲟⲓ: ⲥⲁⲛ – ⲛⲟϭ:

[1] Die Praepositionen ϧⲛ- und ϧⲓ- fallen also in *Ph.* und *Sch.* lautlich zusammen.

ογοειι   ογλι: ⲧⲉⲁⲃⲁⲩ   ⲉⲥⲟⲟⲩ u. s. w.   Ausnahme ⲟ. das Particip
von ⲉⲓⲣⲉ.

Bl. Jedes ⲟ ist ⲁ und wird auch so geschrieben.   Ausnahme das
Particip von ⲉⲓⲣⲉ.

Ph. Wie *Sch.* (ϩⲁⲁⲩ — ϩⲟⲟⲩ: ⲛⲁϭ · ⲛⲟϭ).

Vm. Wie *Bl.*. mit der gleichen Ausnahme.

S. ⲟ bleibt ⲟ̈.

A. und *Bb.* behalten jedes ⲟ bei.

Sch.. *Bl.* und *Vm.* behalten S. ⲟ »seiend« bei. das sie stets ⲱ
schreiben.

S. ⲟ̈ bleibt ⲟ̈.

A. schreibt es theils ⲱ. theils ⲟ (ⲣⲟⲕ = ⲣⲟⲕ »deine Thür«).

Bb. schreibt stets ⲱ. mit Ausnahme von ⲥⲟⲟⲩⲁϩ (neben ⲥⲱⲟⲩⲁϩ).

Sch. Wie *A.* (ⲣⲟϥ »sein Mund«. ⲟⲣⲝⲟⲓ neben ⲟⲣⲝⲟⲟϥ).

Bl. bezeichnet das ⲟ̈ nur mit ⲱ und schreibt auch jedes griechische
ⲟ und ⲱ mit ⲱ (ⲭⲣⲟⲛⲟⲥ u. s. w.).

Ph. Wie *A.* und *Sch.*

Vm. Wie *Bl.*.

au und ⲟ̈.

Ph. schreibt ⲛⲱ für ⲛⲁⲩ »Zeit«.

Vm. schreibt ⲛⲁⲧⲁⲩ neben ⲛⲉⲧⲱ »welcher ist«.

aï für auï.

Sch. ⲁⲉⲣⲡⲛⲁ für ⲁⲩⲡ̄-.

Ph. ⲁⲉⲣⲙⲉⲧⲣⲛ für ⲁⲩⲡ̄- und ϣⲁⲁⲉ für ϣⲟⲟⲩⲉ.

a zu e.

A.. *Bb.*. *Sch.*. *Bl.*. behalten stets *a* wie im S.

Ph. desgleichen. doch hat er einmal ⲛⲉⲛ für ⲛⲁⲛ.

Vm. verwandelt betontes ⲁ in ⲉ: 1. vor ϩ (ⲓⲉϩϯ. ⲥⲁⲗⲉϩⲓ. ⲧⲉϩϥ.
ⲟⲩⲉϩϥ. ⲧⲉϩⲥⲉⲃ. Ꙗⲉϩⲙⲉϥ): 2. in ⲓⲉⲥ »sie waschen«. aber nicht in ⲧⲁⲁϥ:
3. in ⲕⲟⲩⲕⲟⲩⲛⲉⲧ »Wiedehopf«.   In allen anderen Worten bleibt betontes
und unbetontes ⲁ unverändert.

Vokale ê und ë.

ê wird ⲁ.

A. nur in ⲉⲛⲁⲛⲟⲓ (Fut. III = ⲉⲛⲉⲛⲟï) und in ⲉⲁⲛⲁⲥⲓⲥ für ⲉⲛⲛⲁⲥⲓⲥ.
Sch. in ⲁⲛⲁⲩ »um zu sehen«, in ⲉⲣⲟⲩⲁⲛⲡⲛ »mehr als die Sonne«.
Vm. in ⲛⲁⲧⲁⲩ für ⲛⲉⲧⲱ; ⲛⲁⲍⲁϥⲁⲩ für ⲛⲉⲧϣⲁϥⲁⲁⲩ.

S. ê.

A. schreibt es theils ⲏ, theils ⲉ (ⲏⲏⲣⲉ — ⲏⲉⲣⲉ).
Sch. Wie A. (ⲉⲣⲛ).
Bl. schreibt häufiger ⲉ als ⲏ (ⲉⲓ — ⲏⲓ; ⲉⲉϩ: ⲙⲏⲉⲩⲉ; ⲧⲁϣⲉ »Menge«).
Ph. schreibt es stets ⲏ.
Vm. schreibt häufiger ⲉ als ⲏ.

S. ê als tonlose Endung.

A. stets ⲉ; Ausnahme ⲡⲓⲙⲓ.
Bb. stets ⲉ.
Sch. Unterschiedslos ⲓ und ⲉ, aber für ê stets ϯ.
Bl. Unterschiedslos ⲓ und ⲉ, und zwar auch ⲛⲓⲟⲩⲧⲉ, ϣⲁⲙⲧⲉ.
Ph. Wie Bl.: sogar ⲉⲣⲛ̄.
Vm. Stets ⲓ, sogar ⲛⲓ für ⲛⲉ; Ausnahme ⲛⲉⲥⲉⲛⲉ, ϣⲏⲣⲉ.

S. ê als betonte Endung.

A. ⲛⲉ Himmel, ⲅⲉ Art, ⲙⲉ lieben.
Bb. ⲅⲉ Art, ⲙⲉ lieben, aber ⲡⲁⲅⲏ frei.
Sch. ⲛⲉ Himmel, aber ⲅⲏ Art, ⲅⲏ fallen, ⲥⲁⲃⲏ weise.
Bl. ⲛⲉ Himmel, ⲉⲣⲡⲛ Tempel.
Ph. ⲛⲏ Himmel, ⲙⲉⲓⲣⲉ, ⲙⲉⲓⲣⲛ Zeuge.

Elision des ê in ⲍⲉ.

A. ⲍⲁⲩⲥ (für ⲍⲉⲁⲩⲥ), ⲍⲉⲛⲥ (für ⲍⲉ ⲉⲛⲥ), ⲍⲓⲥ (für ⲍⲉ ⲉⲓⲥ), ⲍⲓⲉ (für ⲍⲉ ⲉⲓⲉ), ⲍⲟⲩϣⲏⲣⲉ neben ⲍⲉ ⲟⲩϣⲏⲣⲉ im selben Vers. Aber ⲍⲉ ⲉⲣⲉⲥ und stets ⲍⲉ ⲁⲣⲭⲉⲗⲗⲁⲣⲓⲛⲉ.
Bb. ⲍⲩⲓⲁⲥ für ⲍⲉ ⲛⲓⲁⲥ.
Sch. ⲍⲉⲛⲥ für ⲍⲉ ⲉⲛⲥ, ⲍⲟⲩⲥ für ⲍⲉ ⲟⲩⲥ; aber ⲍⲉ ⲉⲓⲥ und ⲍⲉ ⲁⲥ.
Ph. ⲍⲁⲁⲙⲛⲧⲉⲛⲛ (sic) für ⲍⲉ ⲁⲙⲛⲧⲛ.

Elision der Praeposition є.

A. ⲡⲟⲟⲩⲉⲣⲟⲓ (für ⲡⲟⲟⲩⲉ ⲉⲣⲟⲩ): ⲁⲓⲥⲙⲉⲧⲟⲟⲩ (für ⲁⲓⲉⲓ ⲉⲙⲉⲧⲟⲟⲩ).

Bb. ⲉⲓⲙⲉⲛϩⲟⲟⲃ (für ⲉⲓⲙⲉ ⲉⲛϩⲟⲟⲃ).

Sch. ⲁⲉⲃⲟⲕ ⲁⲉⲛⲉⲣⲃⲁⲥⲓⲁ (für ⲉⲧⲉⲛⲉⲣⲡⲏ.): ⲍⲟⲙ ⲛ̄ⲟⲗ (für ⲍⲟⲙ ⲉⲃⲟⲗ).

BL. ⲉⲣⲟⲅⲛ ⲛⲉⲣⲡⲙⲓ (für ⲉⲧⲉⲣⲡⲙⲓ).

Ph. ⲉⲙⲉⲉⲙⲁ (für ⲉⲓ ⲉⲙⲉⲉⲙⲁⲁ).

Anderweitige Verschleifung eines є.

Sch. ⲟⲩϭⲡⲓⲁⲗⲓⲉⲣⲓⲧⲥⲓⲁ (für ⲟⲩϭⲡⲓⲁⲗⲓ ⲉⲉϭⲛ̄-): ⲧⲙⲉⲓⲏϫⲃⲉⲣ ⲛⲁⲙⲟⲩⲉ (für ⲉⲛⲁⲙⲟⲩⲉ statt ⲉⲧⲙ.).

Die Schreibung des ϭ.

ϭ nicht bezeichnet.

A. Bb. Sch. BL. Ph. Der Gebrauch, das ϭ durch einen Strich über der Linie zu bezeichnen, ist abgekommen. Wo nicht wie gewöhnlich für ϭ ein voller Vokal geschrieben ist, fehlt jede Andeutung.

Vm. Als Zeichen dient wie in den bohairischen Hdss. ein Punkt, der aber ebenso oft auch fehlt: ⲉⲡⲛ »Wein«, ⲥ̄ⲛ̄ⲍⲟⲃⲟⲅ, ⲉⲁⲛⲉϥ, ⲟⲩⲁⲓⲏϥ, ⲟⲩⲁⲣϥ. Auch ein volles є wird oft unrichtig so geschrieben: ⲛⲉϥ- »sein«, ⲛ̄ⲃⲁⲧ und ⲛⲟⲩⲟⲟⲩ (für ⲉⲕ-), ⲛϩ »Öl«.

Merkwürdig ist nun aber, daß dieser Punkt zuweilen auch da gesetzt wird, wo ein Vokal vor dem letzten Konsonanten steht, und zwar in ⲉⲣⲁϥ, ϩⲁⲣⲁⲛϥ, ⲙⲁⲉϥ, ⲉ̄ⲗⲉⲉϥ (auch ⲉ̄ⲗⲉⲉϥ) und in ⲙⲁⲣⲉϥ »binde sie« und in dem unklaren ⲙⲁⲙⲓⲟⲃ: sodann in ⲉϩⲟⲩⲣ̄ und ⲁⲗⲭⲁⲃⲟⲟⲓⲣ, in ⲉⲅⲟⲛ und in ⲟⲩⲛⲁⲁ. Also bei -ϥ, -ⲙ, -ⲛ und -ⲣ: man ist versucht, zu glauben, daß das mehr als eine Marotte des Schreibers ist und daß er wirklich *hbier*, *wâ'n*, *wnû'm*, *erâ'w*, *hîl'ir* zu hören glaubte. — Dagegen ist der Punkt, den er auslautenden Vokalen beischreibt, wohl nur ein Lesezeichen, wie es ja auch in alten sahidischen Hdss. ähnlich vorkommt.

Bezeichnung des ϭ durch є.

A. In ⲛⲉⲙⲁϥ und ⲉⲙⲧⲟⲛ.

Sch. In ⲛⲉⲙⲁϥ, ⲉⲣⲣⲟ, ⲉⲣ-, ⲟⲉⲃⲓⲟ und ⲧⲉⲃⲁⲛ (d. h. ⲓⲃⲃⲟϥ).

BL. In ⲛⲉⲙⲁⲃ; in ⲉⲣ-, ⲉⲣⲁ »König«, ⲉⲣⲟ »Königin«, ⲙⲁⲙⲉⲓ.

Ph. ⲉⲣ-, ⲧⲉⲥ-, ⲁⲉⲛⲧⲟⲛ und ⲛⲉⲣⲟⲟⲩ, ⲛ̄ⲣⲟⲟⲩ »die Könige«.

Vm. ⲛⲉⲙⲁⲛ, ⲉⲣ-, ⲟⲩⲉⲣⲧ, ⲧⲉⲣⲉϥ, ⲛⲁⲣⲙⲓⲉϥ u. s. w.

Bezeichnung des ʿ durch ꜣ.

A. ꜣp-. ꜣ꜡-. ꜣꙅꙅꙅꙅꙅꙅ. ꙅꙅꙅꙅꙅ. ꙅꙅꙅꙅꙅ.
Sch. ꙅꙅꙅꙅꙅ. ꙅꙅꙅ†. ꙅꙅꙅ-.

Andere Färbung des ʿ.

A. ꙅꙅꙅꙅꙅ und das merkwürdige ꙅꙅꙅꙅꙅ neben ꙅꙅꙅꙅ.
Bb. ꙅꙅꙅꙅꙅ.
Sch. ꙅꙅꙅꙅ; ꙅꙅꙅꙅꙅ (zweimal), neben ꙅꙅꙅꙅꙅ (dreimal). Die letztere Form erinnert an die alten achmimischen Formen.
Bl. ꙅꙅꙅꙅ, ꙅꙅꙅꙅ.
Vm. ꙅꙅꙅꙅꙅ neben ꙅꙅꙅꙅ «binde es», also mit Angleichung des ʿ an den vorhergehenden Vokal.

Die sogenannte Brechung.

A. ꙅꙅꙅꙅ. ꙅꙅꙅꙅ. ꙅꙅꙅꙅ. ꙅꙅꙅ. ꙅꙅꙅ. ꙅꙅꙅ. ꙅꙅ. Aber ꙅꙅꙅꙅ. ꙅꙅꙅ. ꙅꙅꙅꙅ.
Bb. korrekt ꙅꙅꙅ; irrig ꙅꙅꙅꙅ als Singular: schwankend in ꙅꙅꙅꙅ. ꙅꙅꙅ.
Sch. ꙅꙅꙅꙅ. ꙅꙅꙅꙅ neben ꙅꙅꙅ. ꙅꙅꙅꙅ neben ꙅꙅꙅ. ꙅꙅꙅꙅ. ꙅꙅꙅꙅ. ꙅꙅꙅ und ꙅꙅꙅ. Aber ꙅꙅ (für ꙅꙅꙅ). ꙅꙅꙅ.
Bl. ꙅꙅꙅꙅ. ꙅꙅꙅꙅ (d. h. ꙅꙅꙅꙅ) und gegen den Gebrauch des sahidischen ꙅꙅꙅꙅ.
Ph. ꙅꙅꙅ. aber ꙅꙅ (für ꙅꙅꙅ) und gegen den Gebrauch ꙅꙅꙅꙅ und ꙅꙅꙅꙅ.
Vm. ꙅꙅꙅ (für ꙅꙅꙅ). ꙅꙅꙅ. ꙅꙅꙅ und ꙅꙅꙅ. Aber ꙅꙅꙅ (für ꙅꙅꙅꙅ). Bemerkenswerth das ꙅꙅ in dem arabischen ꙅꙅꙅꙅꙅꙅꙅ.

Demonstrativ und Artikel.

Demonstrativ.

Bei allen absolut ꙅꙅꙅ u. s. w. (in *Vm.* nicht belegt), verbunden ꙅꙅ- u. s. w.

Artikel.

A. ꙅ-. ꙅ- (vor Doppelkonsonanz ꙅꙅ). Aber im Plural stets ꙅꙅ- vor Konsonanten und ꙅ- nur vor Vokalen.
Sch. Wie *A.* Das ꙅꙅꙅꙅ. ꙅꙅꙅꙅꙅꙅ in dem Lied S. 34 ist vielleicht Demonstrativ.

BL. Wie *A.* (Ausnahmen ⲧⲉϧⲟⲉⲓⲧⲉ und ⲙⲁⲉⲙⲟⲛⲓⲟⲩ).

Ph. Wie *A.* — Ein ⲛⲉⲣⲟⲙⲉ scheint »dieser Mensch« zu heißen.

Vm. Wie *A.* (Das ⲛⲉⲉⲩⲡ ist ⲛⲉⲉⲉⲩⲡ).

Verbum.

Der Verbalstamm vor direktem Objekt.

A. korrekt bis auf ⲕⲱ ⲟⲙⲙⲧⲉ.

Sch. Unverkürzt in ⲟⲩⲟⲙ ⲉⲣⲟϯ und ⲟⲩⲟⲩ ⲗⲁⲕ. Von ⲥⲙⲉ bildet er ⲥⲛ- in ⲥⲙⲉⲉⲛⲉⲩⲉ und ⲥⲙⲟⲩⲕⲟⲟⲉ.

BL. Gebraucht ⲛⲁⲩ-, ⲥⲁⲛ-, ⲙⲟⲩⲁ-, ⲧⲁⲩⲁ- vor direktem Objekt, also die mit Suffixen üblichen Formen[1]. Daneben aber auch korrekt ⲧⲁϧⲉ-, ⲥⲉⲛ-.

Vm. Ähnlich wie *BL.*: ⲥⲁⲛ-, ⲉⲁⲣ-, ⲃⲁⲧ-, ⲧⲉⲁ-. Daneben korrekt ⲧⲁⲙⲉ-, ⳝⲓ-.

Praesens II.

Sch. Neben ⲉⲓ-, ⲉϥ-, ⲉⲣⲉ- auch einmal ⲁⲣⲉ-. Ferner neben ⲉⲩⲩⲁⲛ- auch einmal ⲛⲩⲩⲁⲛ-.

Vm. ⲕⲟⲩⲟⲩⲩ »wenn du willst« (also für ⲉⲕⲟⲩⲟⲩⲩ). Sodann ⲛⲉⲧⲉ-ⲕⲟⲩⲛⲉϥ und ⲛⲉⲧⲁⲕⲟⲩⲁⲛⲉϥ für »wen du willst«.

Futur. III neg.

A. ⲛⲛ- für ⲛⲛⲁ.

Konjunktiv.

A. Vor nominalem Subjekt ⲧⲉ- und ⲛⲧⲉ-. Sing. 1. ⲧⲁ-, ⲛⲧⲁ-. 2. masc. ⲧⲉⲛ-, ⲉⲛⲉ-, ⲛⲉⲛ-. 3. masc. ⲧⲉϥ-, ⲛϥ-, 3. fem. ⲛⲉ-. — Plur. 2. ⲛⲧⲉⲧⲛ-. 3. ⲛⲉⲉ. Gebrauch sehr weit und oft rein final.

Sch. Vor nominalem Subject ⲧⲉ-. — Sing. 1. ⲧⲁ-. 2. masc. ⲧⲉⲛ-. 3. masc. ⲧⲉϥ-, ⲧⲉⲃ-, ⲛⲧⲉⲃ-. — Plur. 1. ⲧⲛⲛ-. ⲧⲉⲛ-. ⲧⲉ-. — In den Liedern auch final gebraucht.

BL. 3. Plur. ⲛ[ⲧ]ⲟⲩ-.

Ph. 1. Sing. ⲧⲁ-.

Vm. Sing. 2. masc. ⲧⲉⲛ-. 3. masc. ⲧⲉϥ-, ⲧⲉⲃ-, 3. fem. ⲧⲉⲉ-.

---

[1] Dieselbe Erscheinung auch sonst im Faijumischen, wo schon in der Jesaiasübersetzung ⲉⲟⲩⲟⲛ- vor nominalem Objekt vorkommt; das Purpurrecept UBM. kopt. Nr. 21 gebraucht ebenso ⲥⲁⲛ- (neben ⲧⲉⲛ-), ⲧⲁⲗⲁ-, ⲉⲉⲛⲁ- (von ⲉⲓⲛⲉ). Ebenda ⲉⲩⲡ als absolute Form für ⲉⲩⲡⲉ. — Ähnliches auch vereinzelt im Achmimischen.

Relativsätze.

Particip an ein bestimmtes Nomen angeschlossen.

A. ⲛⲣⲁⲛ ⲉⲧⲅⲟⲟⲗϭ. ⲛⲙⲁ ⲉⲣⲉⲛⲣⲱⲙⲉ ⲉⲛϣⲏⲧϥ. ⲉⲧⲟⲟⲩ ⲛⲉ ⲛⲁⲓ ⲉⲧⲩⲱⲙⲉ und sogar ⲧⲉⲕⲙⲁⲁⲩ ⲧⲉⲉⲁⲣⲉⲣⲁⲧⲉ »deine Mutter ist es, welche steht«.

Sch. ⲛⲉⲉⲛⲉⲩⲉ ⲉⲩⲉⲣϩⲟϥ ⲛϭⲛⲧⲟⲩ. ⲧⲁⲉⲧⲩϣⲉⲣ ⲛⲁⲛⲟⲩⲉ (für ⲉⲛⲁⲛⲟⲩⲉ) und sogar ⲛⲉⲁϩ ⲛⲉϥⲧⲉⲃⲱ »der Meister ist es, welcher lehrt«.

Bl. ⲛⲉⲡⲛⲁⲧⲉⲥ ⲉⲃⲉⲣϩⲟⲩⲃ u. s. w.. ⲛ|ⲉ|ⲛⲁⲃⲓ ⲉⲩⲉⲓⲣ|ⲉ|ⲙⲁⲩ. ⲛⲁⲓ ⲉⲩϩⲉⲛⲁⲙⲛⲉⲩⲉ.

Ph. ⲛⲉⲉⲧⲁⲓ ⲉⲩⲛⲟⲩⲛ falls dies nicht als ⲉ̄ⲥ̄ⲟ̄ⲥ̄ (für ⲉ̄ⲥ̄ⲟ̄ⲥ̄) zu fassen ist.

Relativ von ⲙⲁϥ-.

Sch. ⲛ̄ⲙⲁⲩⲧⲁϣⲏ̄ϥ und sogar mit dem Artikel ⲛⲉⲛⲙⲁⲃⲃⲟⲗ.
Ph. ⲉⲛⲙⲁⲩⲟⲁⲛⲉϥ.

Griechische Partikeln.

A. kein ⲇⲉ: überhaupt nur: das ⲱ der Anrede. ⲛⲁⲣⲁ. ⲙⲛⲛⲟ »damit nicht« und ⲙⲟⲛ. falls dies auf ⲙⲟⲛⲟⲛ zurückgeht.

Bb. ⲉⲛⲣⲛ.

Sch. kein ⲇⲉ: überhaupt nur ⲓⲧⲁ und ⲩⲉⲩⲁⲣ.

Bl. Ph. keine.

Vm. Das ⲙⲁⲛ in ⲙⲁⲛ ⲟⲩⲭⲁⲣⲓⲥ ⲡⲉ ⲁⲣⲁ ⲟⲩⲟⲛ ⲡ ⲉⲛⲉⲕⲉⲟ̄ⲉⲓⲁ »es ist eine Gnade und ist reich an Macht« ist vielleicht das ⲙⲟⲛ von *A.* Sonst nichts.

Syntaktisches.

A. Anrede ohne Artikel S.14 Anm. 1. – Gebrauch von ⲙⲁϥ S.15 Anm. 5. Absoluter Gebrauch des Konjunktivs S.13 Anm. 3. ⲉⲛⲉ ⲛⲧⲁϥⲕ »ach dafs doch« S.15 Anm. 5. – Merkwürdige Verwendung von ⲉⲩⲟⲛⲉ nach ⲧⲁⲣⲛⲟ S.17 Anm. 2.

Sch. Gebrauch von ⲉⲡⲩⲙⲁ̄ⲛⲥ̄ S. 33 Anm. 2. ϫⲉ allein für »indem er sagte« S. 25 Anm. 7.

Berlin, gedruckt in der Reichsdruckerei.

www.ingramcontent.com/pod-product-compliance
Lightning Source LLC
Chambersburg PA
CBHW021631270326
41931CB00008B/967